insel taschenbuch 4949
Ruth Hobday & Geoff Blackwell
30 Frauen, die Mut machen

Me journais renoncer — Domingue Attias 26. Mai 2017

COMMITTED!

Gratitude

Gloria Steinem III April 19, 2017

Permindedness — Kirsten Haldrup 6.14.17

Service — Joanne Fedler

DIGNITY

and — Margaret Atwood 04.13.17

EMILY W 04/21/17

relentless — Tabitha St. Bernard-Jacobs 04-16-17

Compassion — Hilka Wardere 30/03/2017

Sisters — Sola Mamin Silva SL 2017

STORY — SOPHIE BLACKALL April 19, 2017

HUMAN — Chimamanda Adichie 4/18/2017

Tryckfrihet — Kristina Persson Göran 2/4 2017

PASSION! — Alaa Green AUSTRALIA

UNEXPECTED

PEACE — Harry Belafonte 4-9-17

TEAM WORK

grace — Leonie Ginsberg March 30, 2017

YES — Collette Dinnigan

Luonon-kappale — Marta Nylund Karin Nylund Linnéa Nylund

Connection — Jane Cole 22/3/17

Resilience — Alexandra Zumi 4/21/2017

PURE — Prima Racket

SUBVERSIVE — Lisa Vene Klasen Film 1.02

unapologetic — Linda Sarsour 4.18.2017

LOVE — Kavya Reihan 1st March 2017

HOPE

RESTLESS — Jessica Grace Smith 16/04/17

Sunshine — Elise Rova 170402

DETERMINATION ALICE WATERS MARCH 20, 2017

beherzt — Josefine Cox 4.42017

HAPPY — Caylay Sten 7/31/17

TOLERANZ — Anisib Mae 04.09.2017

Family

MORALS — Dina Kaua 01/11/2017

YES — Nicole A Avant April 21, 2017

Cheeky — Kakoli Sen 5/3/17

KINDNESS — SERGUT BELAY 26 2017

Stay — Iam Massy 27 august 2017.

Joy! — Callie Khouri 4-12-17

IMAGINATION — Jack Kelly 23/3/2017

Idealism — Stephanie Alexander 16th December 2016

Empathy — Shami Chakrabarti 30/3/17

CASTER SEMENYA UBUNTU 14/03/17

SAFETY — Kanchan Singha 13/04/17

HOPE — Anita Nelson

Homestay — Caitlin Chisney 5/17/17

GOD GIRLS OF DETERMINATION — Kristen Visbal 4.14.17

ATHLETE — Kayo Swan 13.12.16

Good Energy — Sarah Swan 30/3/2017

Mithi/Sweet — Mithu Ghosh 5/3/2017

laughter — tracy d. gray 19 march '17

Passion SS — May 2017

Neugierig — Cecilia Wold 30.06.2017

RESILIENCE — Molly & Bob 28-5-17

empathy — Linda Penny

WONDER — CHRISTY HAUBEGGER 4.22.17

Love — Pinki Pal xxx

"STORYLAND" — JEM Clayton 30.05.2017

Joy — Emah Davis 28.5.17

Kindness — Embeth Davicatz 6/0/17

Justice — C. Lyle 5/13/17

Independence — Linnlota Sandaman 31.5. 2017

Honesty — Karen Walker 12.4

imagination ROSS — March 21, 2017

UNRULY — Charlie Pol

Generosity — Isabel Allende March 20, 2017

RESILIENCE LISA CONGDON MARCH 21, 2017

LOVE — Sarah Beisly 5/3/2017

खुशी HAPPINESS — Januka Nepal 27/02/2017

courage — Anna Garcia 4/22/2017

individuality — Suha Issa 7.3.2017

Resilience — June 7, 2017

Service

Authenticity XO — Robbi Brown 4-19-17

Energyreguladerie Zielplanen — Barbara Burburger 6.4.17

Authenticity Lindness 4/18/2017

Graça Machel 10.03.17

»Aussergewöhnlich starke Persönlichkeiten werden in hervorragendster Weise sichtbar.« KULTURPUNKT

Frauen aus Lebensumständen, wie sie nicht unterschiedlicher sein könnten, darunter berühmte und völlig unbekannte, wohlhabende und bitterarme, erzählen aufrichtig und zutiefst berührend, warum sie keine Opfer sein wollen und woher ihr grenzenloser Optimismus kommt. Einfühlsam und authentisch berichten sie von ihren Erlebnissen, von ihrem Lebenswillen, der inneren Kraft und ihrem Mut, immer wieder aufzustehen. Fotografiert von Kieran E. Scott, der zusammen mit dem Herausgeberteam Geoff Blackwell und Ruth Hobday um die Welt reiste, und dem sensationelle Porträts gelungen sind.

Ruth Hobday ist Autorin und hat eine beeindruckende Zahl an ausgezeichneten internationalen Titeln entwickelt und begleitet, darunter Nelson Mandelas Bekenntnisse. Sie lebt in Auckland, Neuseeland.

Geoff Blackwell ist prämierter Verleger und künstlerischer Leiter von Blackwell & Ruth. Seine Bücher haben sich über 30 Millionen Mal in 50 Ländern verkauft. Er lebt in Auckland, Neuseeland.

FRAUEN, DIE MUT MACHEN

»FALLE SIEBENMAL HIN UND
STEHE ACHTMAL AUF.«

Ruth Hobday &
Geoff Blackwell

Fotografie
Kieran E. Scott

INSEL VERLAG

Erste Auflage 2022

insel taschenbuch 4949

© Insel Verlag Anton Kippenberg GmbH & Co. KG, Berlin 2022

© der deutschsprachigen Ausgabe

2018 Elisabeth Sandmann Verlag GmbH, München

© Fotografie: 2017-2018 Kieran E. Scott, www.kieranscottphotography.com

Umschlaggestaltung: Rothfos & Gabler, Hamburg

Umschlagabbildung: Julia Leeb, Foto: Kieran E. Scott

Druck: Pustet, Regensburg

Printed in Germany

ISBN 978-3-458-68249-3

www.insel-verlag.de

Es war nicht einfach, für dieses Buch eine Auswahl zu treffen, denn in gewisser Weise sind alle Frauen, die sich am Projekt »200 Frauen – Was uns bewegt« beteiligt haben, mutig, engagiert, inspirierend und stark.

Die Idee zu diesem Projekt hatte ein neuseeländisches Team, bestehend aus Geoff Blackwell, Ruth Hobday und dem besonders feinfühligen Fotografen Kieran E. Scott. Sie reisten um die Welt, stellten über 200 Frauen fünf gleiche Fragen und fotografierten sie vor einem einfachen Leintuch.

Aus diesen 200 Frauen haben wir nun 30 ausgewählt, deren Antworten zum ersten Mal auf Deutsch publiziert werden, einleitend vorangestellt zudem das Interview mit der neuseeländischen Premierministerin Jacinda Ardern, die der Welt vor Augen führt, dass man als Frau während der Amtszeit als Staatsoberhaupt durchaus ein Kind zur Welt bringen kann und darf.

Dies scheint selbst in besonders fortschrittlichen Ländern noch immer eine große Herausforderung und Hürde zu sein. Die Kriegsfotografin Julia Leeb hat für dieses Buch einen neuen Text geschrieben, der unter die Haut geht, andere Frauen sind mit Textauszügen oder Zitaten vertreten. Die meisten Frauen unterstützen Organisationen oder haben eigene gegründet, um Frauen und Mädchen zu helfen. In jedem Fall aber kämpfen sie alle für mehr Würde, Humanität und Gleichheit und auf diesem steinigen Weg ist ihnen bereits sehr viel gelungen.

Wir wünschen Ihnen Freude bei der Lektüre und dass Sie diese Frauen inspirieren. Wenn Sie alle 200 Frauen kennen lernen möchten, dann finden Sie mehr Informationen unter: www.twohundredwomen.de

Ihr Insel Verlag

Jacinda Ardern wurde in Hamilton, Neuseeland, geboren. Seit 2017 ist sie Premierministerin von Neuseeland und die einzige aktuelle Regierungschefin, die während ihrer Amtszeit ein Kind bekommen hat.

_ Jacinda Ardern

Was ist Ihnen wirklich wichtig?

Empathie und Güte, denn die können gesellschaftlichen Wandel vorantreiben. Für mich sind das nicht einfach nur Gefühle, sondern vielmehr Werkzeuge. Sie können dich motivieren und antreiben; auf jeden Fall sind es diese beiden Charakterzüge, die meine gesamte politische Karriere begründen. Aber da ich in einer kleinen ländlichen Gemeinde aufgewachsen bin, hat auch harte Arbeit einen hohen Wert für mich, außerdem eine achtsame Haltung der Gemeinschaft und den Menschen in der unmittelbaren Umgebung gegenüber – und ich schätze es, wenn jemand sich einsetzt.

Die Neuseeländer sind im Herzen unglaublich aufgeschlossene Menschen. Und wenn man manche unserer heutigen gesellschaftlichen Herausforderungen auf der individuellen Ebene angeht, dann erkennt man, dass Neuseeländer hier eine überwältigende Empathie an den Tag legen. So habe ich mich der Welt immer genähert – statt politische Streitfragen im Rahmen komplexer Statistiken und als Unterschiede zwischen Menschen zu begreifen, schaue ich oft auf den Einzelnen in der konkreten Situation.

Es gibt so viele Themen, bei denen wir uns streiten, über die wir uns aber, wenn wir auf ihren Kern blicken, im Grunde genommen einig sind. Nehmen wir das Thema Kinderarmut. Gelegentlich hört man Argumente wie »Das liegt doch in der Verantwortung der Eltern. Müssen wir uns da einmischen?« Man geht davon aus, dass irgendwo jemand seine Fürsorgepflicht verletzt haben muss. Aber eigentlich steht doch im Zentrum der Debatte ein Kind, das – egal, welche Wahrnehmung man von ihm haben mag – keine Schuld trägt, das einfach nur ein Opfer der Umstände ist. Ich könnte also zwar dagegenhalten, dass man nicht von einer Schuld der Eltern sprechen kann, solange wir eine Niedriglohnwirtschaft haben, in der Menschen mit ihrer Arbeit nicht genug zum Leben verdienen – doch sprechen wir immer noch über dasselbe Kind. Wenn man mit Güte auf dieses Kind blickt, dann ändert sich damit die Herangehensweise an das Problem. Man hält sich mit den Schuldzuweisungen etwas zurück und besinnt sich auf die einfachen Werte. Dass jedes Kind einen guten Start ins Leben verdient und dass jedes Kind alles haben sollte, was es braucht, um sich gut zu entwickeln.

Was macht Sie glücklich?

Dass ich jeden Tag Menschen begegnen darf, die Probleme nicht nur sehen, sondern sie anpacken – ob es sich nun um eine soziale Frage, ein kompliziertes wirtschaftliches Problem oder die Notwendigkeit zur Erneuerung handelt. Ich empfinde Glücksmomente, wenn ich Menschen mit jener Einstellung sehe, die wir in Neuseeland so sehr schätzen – sich auf den Hosenboden zu setzen und ein Problem selbst zu lösen. Und teile dann die Freude, die jemand daraus schöpft, wenn er das Problem gelöst hat, dessen er sich angenommen hat.

Besonders wenn ich sehe, wie Menschen spontan auf Not in ihrem Umfeld reagieren, werde ich daran erinnert, dass wir noch nicht alle vergessen haben, dass wir in einer Gemeinschaft miteinander verbunden sind. Man stelle sich ein Land vor, in dem alle gut verdienen, lernen, sich kümmern oder Freiwilligenarbeit leisten. Das wäre ein Ort, der Glück erzeugt.

Was empfinden Sie als tiefstes Leid?

Egoismus bringt mich wirklich auf die Palme, egal ob er sich im Umgang eines Menschen mit der Umwelt zeigt oder mit anderen. Irgendwie sind wir alle aufeinander angewiesen. Die Dinge kommen aus dem Takt, wenn wir nicht achtsam mit unserer Umwelt umgehen und uns egal ist, was wir anderen antun. Deshalb stört mich sowohl auf der Makroebene als auch im individuellen Umgang Egoismus sehr.

— Jacinda Ardern

Was würden Sie in der Welt verändern, wenn Sie könnten?

Ich habe mich schon sehr ausführlich zu all dem geäußert, das ich gern verändern würde, aber jetzt habe ich sowohl das Privileg als auch die Aufgabe, einiges davon tatsächlich umzusetzen. Bei einzelnen Aspekten innerhalb dieser Mammutaufgabe kann ich es kaum abwarten. Zum Beispiel endlich einen Konsens darüber zu finden, dass es Kinderarmut in einem Land wie dem unseren eigentlich nicht geben dürfte und dass wir alle profitieren, wenn wir uns davon befreien. Und der Klimawandel. Wenn ich als Politikerin darüber nachdenke, was für eine Erde ich der kommenden Generation hinterlassen möchte, verspüre ich ein großes Gefühl der Verantwortung und Fürsorge. Was ich an Neuseeland so liebe, ist die Idee der Obhut, die bei den Maoris selbstverständlich und in uns allen verwurzelt ist – die Vorstellung, dass wir im Interesse kommender Generationen für die Umwelt eine Sorgfaltspflicht haben.

Wählen Sie ein Wort, das Sie beschreibt.

Güte. Würde sie die Art verändern, wie wir ans Werk gehen, würde es unsere Entscheidungen verändern, wenn wir sie in Güte träfen?

Güte in dem Sinne, dass man sich seiner Umwelt bewusst ist, der Menschen und der Gemeinschaft um einen herum. Das bedeutet nicht, dass man nicht stark sein kann – man kann gleichzeitig gütig und stark sein. Ich stelle gern traditionelle Vorstellungen von Führungsstärke infrage. Wenn man die Leute fragen würde, was für sie typische Charakterzüge eines Politikers sind, kämen sie vermutlich mit Begriffen wie »selbstsicher«, »selbstgefällig«, »anmaßend« und, in einigen Fällen, »eigennützig« an. Es herrscht eine bestimmte Auffassung vor, was eine politische Führungskraft mitbringen muss. Aber ich hoffe, dass wir mit der Zeit zeigen können, wie unterschiedliche Politikertypen eine ganze Palette von Eigenschaften in ihre Führung einbringen. Und dass das nicht bedeutet, dass sie schlechte Führungspersönlichkeiten sind. Vielmehr bedeutet es, dass wir allmählich ein politisches Umfeld schaffen, das sich mehr an den Menschen und der Gesellschaft orientiert und in dem wir eine Vielfalt an unterschiedlichen Führungsstilen haben. Deshalb wehre ich mich gegen die Vorstellung, dass man, wenn man stark ist, automatisch auch aggressiv und ehrgeizig ist, ohne Rücksicht auf andere.

Holly Bird wurde in Rochford in Essex, England, geboren. Sie arbeitet im Polizeidienst und hat als Kickboxerin 2016 die World Fight Sport and Martial Arts Council Championships gewonnen.

_ Holly Bird

Es klingt zwar albern, aber wenn wir eine Invasion von Außerirdischen hätten, würden wir Team Erde werden. Statt dass sich
Länder und Religionen bekämpfen, würden wir uns zusammen-
finden und sagen: 'Okay, wir sind die Menschheit, und wir werden
jetzt gemeinsam gegen die Außerirdischen kämpfen!' Es wäre
herrlich, wenn die Leute einmal ein bisschen auf Abstand zu dem
gehen könnten, was auch immer ihre Herzensangelegenheit ist,
und sich daran erinnerten, dass wir alle eins sind: ein Mensch,
ein Planet.

Alicia Garza arbeitet als Aktivistin und Publizistin im kalifornischen Oakland. Sie ist Mitbegründerin der US-amerikanischen Anti-Rassismus-Bewegung Black Lives Matter.

Ich möchte meinen
Kindern sagen können,
dass ich für sie **gekämpft** habe
und dass ich für
uns gekämpft habe.

———————

Alicia Garza

_ Alicia Garza

Ich möchte meinen Kindern sagen können, dass ich für sie gekämpft habe und dass ich für uns gekämpft habe. In einer Zeit, in der man leicht überhört wird, ist es mir ganz besonders wichtig, mich dafür einzusetzen, dass meine Kinder – dass alle Kinder – eine Zukunft haben können.

Was mich motiviert ist, dass ich sicherstellen will, dass wir unsere Ziele erreichen. Als Organisatorin höre ich oft, dass wir für etwas kämpfen, das wir selbst vielleicht gar nicht mehr erleben werden. Ich bin nicht zufrieden damit, denn ich denke, Veränderung kann viel schneller vonstatten gehen, aber dafür braucht es Organisation und ein Verständnis von Macht und ein Verständnis dafür, wie wir sie in ihrer jetzigen Gestalt verschieben können. Wir sollten Macht umwandeln, damit wir nicht Tag für Tag die gleichen Kämpfe austragen.

Frauen spornen mich dazu an, am Ball zu bleiben. Den prägendsten Einfluss auf mich hatte meine Mutter. Sie hat mich alleine großgezogen, da sie nie damit gerechnet hatte, mit sechsundzwanzig Mutter zu werden. Von ihr habe ich gelernt, was es heißt, eine starke, kompetente Frau zu sein. Darüber hinaus bin ich sehr stark von schwarzen Frauen aus allen Zeiten beeinflusst. Harriet Tubman hat mich inspiriert, nicht nur mit ihrem Einsatz zur Befreiung einzelner Sklaven – was natürlich fantastisch war – sondern mit allem, was sie getan hat, um die Institution Sklaverei auszumerzen, mit den Bündnissen, die sie dafür geschmiedet hat, und dem Kummer, den sie ertragen musste bei der Verwirklichung ihrer Vision. Aber es sind nicht nur Frauen aus den Vereinigten Staaten, die mich beflügeln.

Ich engagiere mich sehr stark bei Black Lives Matter. Als diese Bewegung auf der Bildfläche erschien, gab es jede Menge Gegenwind. Die Leute konterten mit Sprüchen wie 'Jedes Leben zählt'. Ich glaube, das Ausmaß dieser Reaktionen gegen Black Lives Matter ist ein Beleg dafür, wie wirksam unsere Gesellschaft solche Themen eingrenzt. Es soll der Eindruck entstehen, als würden sie nur einzelne Individuen betreffen und nicht ganze Gemeinschaften. Diese 'Jedes Leben zählt'-Sache fasziniert mich und macht mich gleichzeitig unglaublich wütend, denn sie ist so offensichtlich. Selbstverständlich zählt jedes Leben. Es ist genauso, als würde man feststellen, dass der Himmel blau ist und Wasser nass.

Ich weiß noch, wie ich einmal Probeaufnahmen für die weibliche Hauptrolle in einer Fernsehserie gemacht habe, in der die männliche Hauptrolle schon besetzt war. Sie suchten parallel auch noch einen zweiten männlichen Hauptdarsteller. Von einem Freund, der den Finanzierungsplan kannte, erfuhr ich, dass die weibliche Hauptdarstellerin schlechter bezahlt werden sollte als der zweite männliche Hauptdarsteller. Und keiner von den Jungs, die in der engeren Auswahl für diese zweite Rolle waren, konnte das vorweisen, was ich vorweisen konnte – kein einziger.

Mir fällt oft auf, dass sich Frauen für die kleinsten Kleinigkeiten entschuldigen. Wenn sie dir einfach nur auf der Straße entgegenkommen, sagen sie schon: 'Verzeihung' und treten beiseite. Männer machen so etwas nie. Frauen entschuldigen sich schon dafür, dass sie überhaupt Raum einnehmen, und ich bin mir nicht sicher, ob sich das zügig genug wandelt.

Ich glaube, Frauen werden nicht so wie Männer dazu befähigt, Ansprüche zu stellen. Männer werden anders erzogen. Jungs werden nicht so stark entmutigt wie Mädchen, und so wachsen Mädchen mit einem eingewurzelten Mangel an Selbstvertrauen auf. Man lehrt sie, sich selbst infrage zu stellen,

Alexandra Paul wurde in New York City, USA, geboren. Als Schauspielerin ist sie durch ihre Rolle als Stephanie Holden in Baywatch bekannt und engagiert sich als Umwelt- und Tierrechtsaktivistin.

und animiert sie nicht, chaotisch und lautstark an die Öffentlichkeit zu gehen.

Als ich noch zur Highschool ging, hatte ich ein ganz dünnes Stimmchen. Als ich Schauspielerin wurde, sagten die Leute vom Ton immer: 'Mach den Mund auf, Alexandra, mach den Mund auf!' Aber ich wusste nicht, wie – es fühlte sich irgendwie nicht richtig an, meine Meinung zu sagen und Kompetenz zu zeigen. Viele Mädchen machen das durch. Man bringt Mädchen bei, nett zu sein und nicht aufzufallen. Das beeinträchtigt uns natürlich, wenn wir älter werden. Vielleicht halten wir solche Dinge wie ungleiche Bezahlung ja selbst am Leben, weil wir nicht so fordernd auftreten wie Männer. Aber etwas zu fordern, fällt Frauen sehr schwer. Das wäre etwas, das ich ändern würde, wenn ich könnte. Vielleicht fängt es ja damit an, dass man Mädchen und Frauen durch Bildung stärkt. Jede Frau sollte so lange, wie sie es möchte, Zugang zu Bildung haben. Hand in Hand damit sollte Jungen und Männern der Wert der Frau nahegebracht werden.

'Mach den Mund auf,
Alexandra,
mach den Mund auf!'

—————

Alexandra Paul

Dolores Huerta wurde in Dawson, New Mexico, USA, geboren. Sie ist Lehrerin, Gewerkschafterin und Feministin, gründete und leitete mehrere Vereine zur Verbesserung der Situation der Landarbeiter.

Es erfordert **Mut**,
aus seiner Komfortzone
herauszutreten und sich
Herausforderungen zu stellen,
auch wenn man nicht genau
weiß, wie es ausgehen wird.
Und wenn man das weiß,
wenn man sich an die Arbeit
macht, um Dinge zu **verändern**,
dann wird man Kritik ernten.
Man muss den Mut haben,
weiterzumachen,
trotz dieser Kritik.

———

Dolores Huerta

_ Dolores Huerta

In unserer Gesellschaft herrscht eine fürchterliche Ignoranz vor, die von mangelnder Bildung herrührt – die Art von Ignoranz, aus der Rassismus, Sexismus, Fremdenfeindlichkeit und Vorurteile gegen Einwanderer entstehen. Wer hat dieses Land aufgebaut? Als Erstes waren es die Indianersklaven. Afrikanische Sklaven bauten das Weiße Haus und das Kapitol. Menschen aus Mexiko und Asien haben die Eisenbahnschienen gelegt, die Felder bestellt und Amerikas Infrastruktur aufgebaut.

Das sind genau die Menschen, auf die man jetzt herabsieht. Einwanderer und Schwarze haben diese ganze Arbeit verrichtet und trotzdem ist Rassismus in unserer Gesellschaft fest verankert und weit verbreitet.

Organisationen sind von entscheidender Bedeutung, denn wenn wir uns nicht organisieren, können wir andere Menschen nur sehr schwer erreichen. Aber wenn wir organisiert sind, können wir uns verständlich machen, wir können miteinander reden und wir können uns über bestimmte Themen austauschen. Wenn wir eine Organisation haben, können wir alle gemeinsam voranschreiten und gemeinsam handeln, um die Veränderungen herbeizuführen, die notwendig sind.

Meine Mutter hat uns beigebracht, dass man Menschen in Not helfen muss, dass es unsere Pflicht ist, zu helfen. Und sie sagte, dass wir, wenn wir Menschen helfen, keine Belohnung oder Gegenleistung erwarten sollten, denn wenn man erwartet, dass man etwas dafür bekommt, nimmt es der Handlung die Würde.

Frauen müssen bevollmächtigt werden,
denn ich glaube stark daran, dass es Frauen sind,
die die Welt verändern.

Aufgewachsen in Kurdistan habe ich erfahren, wie sehr Frauen und Mädchen durch die Tradition eingeschränkt sind; als ich ein kleines Mädchen war, durfte ich nicht einmal mit Jungen sprechen, aber ich hatte immer das Gefühl, dass das nicht normal ist.

Als ich älter wurde, erfuhr ich, wie sehr unsere Gesellschaft durch Tradition zerstört wird. Ich sagte mir selbst, dass ich hart lernen würde und zur Universität gehen, mit dem ultimativen Ziel, dieser Borniertheit ein Ende zu setzen. Ich bin immer eine Rebellin gewesen, die niemals den Status quo akzeptierte. Ich konnte einfach nicht aufhören zu fragen, warum Dinge so sind wie sie sind.

Frauen in Kurdistan sind doppelt bestraft. Sie sind bestraft sowohl durch das System als auch durch ihre Familien, die das System aufrechterhalten. Frauen sind gezwungen, zu heiraten, Kinder zu bekommen und zuhause zu bleiben; sobald sie auf diese Weise eingeschränkt sind, können sie keine Freiheit verlangen. Männer

Berivan Vigoureux wurde in Kurdistan geboren und arbeitet als Filme-macherin und freie Journalistin, so für die Nachrichtenagentur CAPA, den Fernsehsender France 24 und die Illustrierte Paris Match.

nennen sich selbst Revolutionäre, aber sie verändern sich nicht; wenn sie heiraten, erwarten sie, dass ihre Frauen zuhause bleiben. Das ist noch ein anderer Kampf. Wir kämpfen gegen das System, wir kämpfen für Demokratie, wir kämpfen gegen den Islamischen Staat und jetzt müssen wir auch zuhause kämpfen. Als Frauen müssen wir uns gemeinschaftlich organisieren – ohne die Männer. Männer kämpfen einfach – das ist, was sie tun.

Wenn wir uns all die Politiker auf der Welt anschauen, sehen wir, dass die Mehrheit von ihnen Diktatoren sind oder unfähig, zu führen. Gebt den Frauen Macht, und ihr werdet sehen, wie sich die Dinge verändern; Kriege werden aufhören, Freundschaften werden geboren und Grenzen vielleicht ganz verschwinden.

Gebt den Frauen Macht, und ihr werdet sehen, wie sich die Dinge verändern.

_____

Berivan Vigoureux

Balika Das wurde in Gomai in Indien geboren. Mit elf Jahren wurde sie verheiratet und später an ein Bordell verkauft, in dem sie 23 Jahre lang arbeitete. Seit 2014 ist sie bei The Loyal Workshop, der Frauen vor einem Dasein als Sexarbeiterin bewahren will.

_ Balika Das

Die Freiheit zu haben,
mein Leben selber zu gestalten,
ist mir wichtig.

Ich hatte keine glückliche Kindheit. Meine Eltern haben sehr hart gearbeitet, damit sie genug Geld verdienten, um uns Sachen zum Anziehen und etwas zum Essen zu kaufen. Es war nicht viel, und unsere Familie hat sehr gelitten. Als ich elf oder zwölf war, entschieden meine Eltern und meine ältere Schwester, dass ich heiraten sollte. In Indien haben viele Familien Mühe, ihre Kinder satt zu bekommen, und eine Art, damit umzugehen, ist, ihre Töchter zu verheiraten. Wenn eine Frau heiratet, zieht sie zu ihren Schwiegereltern. Es wird von ihr erwartet, dass sie den Haushalt führt, was harte Arbeit ist, aber ich habe kein Problem damit, denn als Gegenleistung wird sie die Tochter dieser Familie und die ist von da an für sie verantwortlich.

Ich wurde mit einem Mann aus meinem Dorf verheiratet und hatte keinerlei Probleme mit dieser Regelung. Aber als ich vierzehn war, lud mich eine Frau ein, mit ihr zum Markt in die Stadt zu fahren. Ich hatte nicht viel Grips, daher ging ich mit. Sie war eine

_ Balika Das

Menschenhändlerin. Sie hat mich hereingelegt und für viel Geld an ein Bordell im Rotlichtbezirk verkauft. Das Leben wurde unerträglich. Ich wurde in einem Zimmer eingesperrt und brutal geschlagen, wenn ich mich weigerte, Freier zu empfangen. Mein Mann wollte mich da rausholen, aber sie weigerten sich, mich an ihn zu übergeben. Mein Leben drehte sich nur noch ums Überleben. Eins von den Dingen, die mich aufrechterhalten haben, war der Gedanke an meine Eltern. Ich fragte mich immerzu, wie es ihnen wohl ginge und ob sie genug zu essen hätten. Sie lebten in erbärmlichen Verhältnissen, ihr Haus war aus Lehm, und ihr Überleben wurde der Antrieb für mein Überleben. Ich war sechs Jahre lang an diesem Ort gefangen. Sie gaben keiner der Frauen genug zu essen, und das machte uns, in Verbindung mit den Schlägen, alle sehr schwach. Wir waren ihnen vollständig ausgeliefert.

Ich durfte mit niemandem, den ich kannte, Kontakt aufnehmen und musste die Erlaubnis einholen, wenn ich das Bordell verlassen wollte. Sechs Jahre lang war mein Tagesablauf immer der gleiche – keine Atempause, keine Freude, nur Leid. Ich lernte einen Mann kennen, in den ich mich dann verliebte. Eines Nachts hat er sich heimlich eingeschlichen und das Schloss an meiner Tür aufgebrochen. Ich konnte fliehen und zu meinen

Eltern zurückkehren. Ich verbrachte einen Monat bei ihnen – ich war so unendlich glücklich.

Aber in Indien ist das Leben hart. Ich musste Geld verdienen, aber wenn eine Frau einmal im horizontalen Gewerbe tätig war, bieten sich ihr, wenn sie dort aufhört, kaum Chancen auf eine andere Arbeit. Ich musste ins Rotlichtmilieu zurückkehren. Dieses Mal war es ein Arbeitsverhältnis, bei dem ich nicht vollständig jemand anderem gehörte. Ich durfte die Hälfte des Geldes, das ich verdiente, behalten und konnte es meinen Eltern schicken. Zu wissen, dass sie etwas zu essen hatten, hat ausgereicht, um mich am Leben zu erhalten. Im Rotlichtmilieu sprechen wir vom 'Strich': Die Frauen stehen aufgereiht in den schmutzigen Gassen vor dem Bordell und warten darauf, dass sie von einem Freier ausgewählt werden. Insgesamt habe ich dreiundzwanzig Jahre auf dem Strich verbracht.

Als ich schließlich Sarah Beisly traf, ging es mir gar nicht gut. Ich war immer noch im Rotlichtmilieu, aber ich verdiente nicht mehr genug Geld zum Leben. Alle meine Kleider hingen in Fetzen, ich hatte kein Geld für Lebensmittel und konnte dem Bordellbesitzer nicht die Miete für mein Zimmer bezahlen.

_ Balika Das

Sarah hat mir diese Chance gegeben, beim Loyal Workshop zu arbeiten, und das hat mein Leben von Grund auf verändert. Ich muss nicht mehr Hunger leiden, ich kann Miete zahlen für mein Zuhause und kann auch meinem Sohn Geld geben, wenn er es braucht. Verglichen damit, wie mein Leben früher aussah, habe ich überhaupt keine Probleme. Weil ich jetzt Geld verdienen kann, habe ich auch die Möglichkeit, Dinge zu verändern. Ich konnte die Macht über mich zurückgewinnen, die man mir genommen hatte, und mein Leben zum Besseren verändern. Früher war ich machtlos, und jetzt bin ich frei. Ich hoffe, dass ich eines Tages in der Lage sein werde, mir ein eigenes Zuhause zu schaffen, wo ich in Frieden leben kann. Ich habe jetzt Möglichkeiten und mir wird Respekt entgegengebracht. Das ist mir wichtig.

Finanzielle Unabhängigkeit – imstande zu sein, Geld zu verdienen, indem ich meine Fähigkeiten nutze, und imstande zu sein, alle meine Rechnungen zu bezahlen und meinen Haushalt gut zu führen – macht mich glücklich. Meine größte Freude ist es, einen Job zu haben, auf den ich stolz bin, und Lohn zu bekommen für die Erzeugnisse, die ich herstelle. Der Ort, an dem ich arbeite, ist ein froher Ort, er hat ein großes Herz, und wir sind alle eine Familie.

Das Leid, das ich durchgemacht habe, als ich im Sexgewerbe gearbeitet habe: in einem Bordellzimmer zu arbeiten, ist die tiefste Form des Leids. Die Tiefpunkte waren, wenn grässliche Männer zu mir ins Zimmer kamen – betrunken oder unter dem Einfluss irgendeiner Droge – und schlimme Dinge mit mir machten, meinen Körper missbrauchten. Du kannst ohne Essen überleben, aber die tägliche Verrohung deines Körpers zu überstehen, ist sehr, sehr schwer. Das verkraftet nicht jede Frau.

Ich bin jetzt frei vom Menschenhandel, deshalb wünsche ich mir, dass alle Frauen, die in Bordellen gefangen sind – wo sie auch sein mögen – befreit werden. Mir ist sehr viel Gutes widerfahren, und ich wünsche mir, dass meine Erfahrung die Norm wird. Früher hatte ich Angst vor anderen Menschen, aber heute habe ich vor niemandem mehr Angst. Alle Frauen sollten die Möglichkeit haben, gute Arbeit zu leisten, würdevoll und respektiert zu leben und ihren eigenen Wert erkennen zu können.

In der indischen Kultur ist der Ehemann das Wichtigste. Aber ich habe keinen Ehemann, deshalb ist mein Sohn mein größter Schatz. Manu – das ist der Name meines Sohnes.

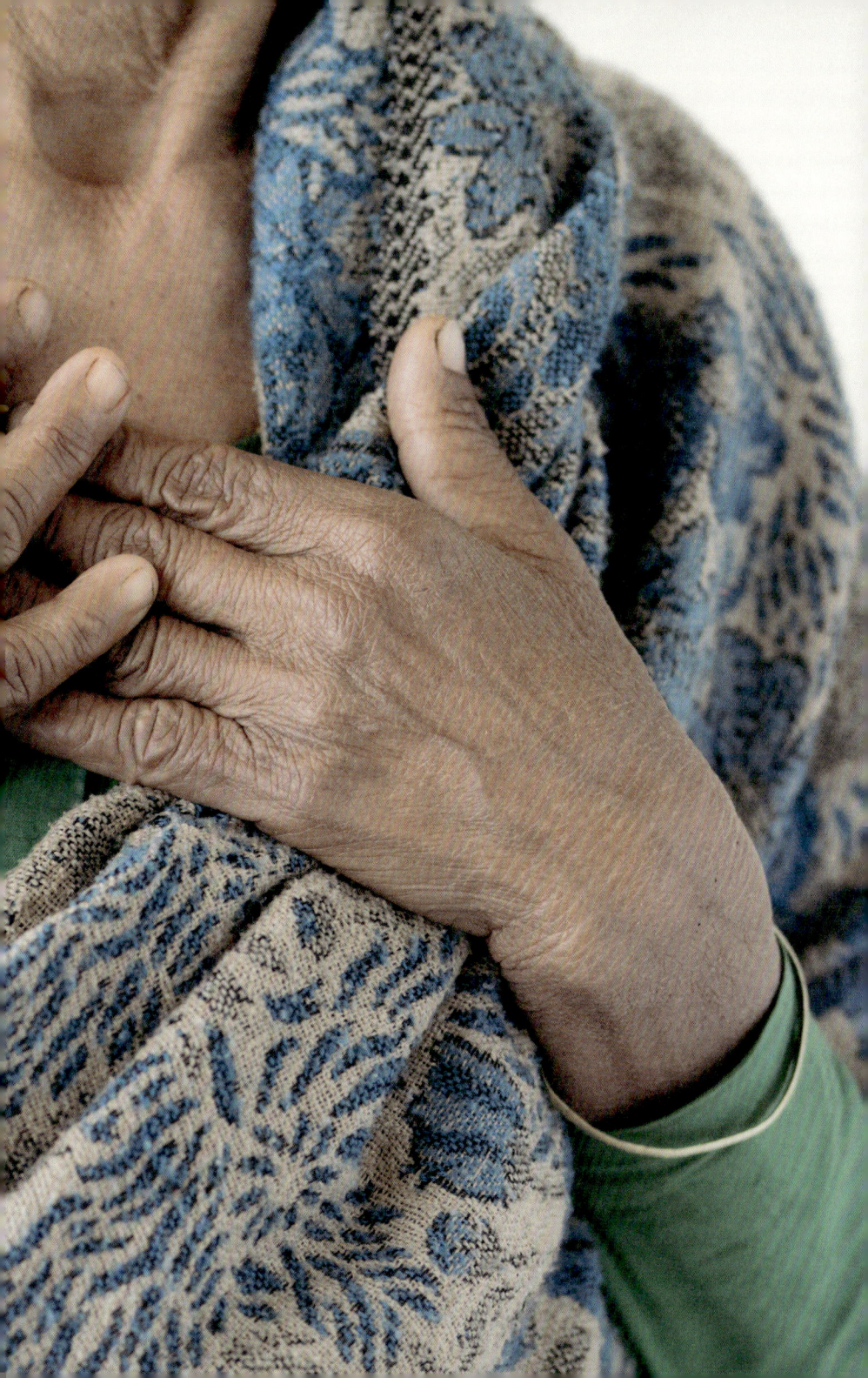

_ Claudie Haigneré

Ich verspüre den Wunsch, Dinge kennenzulernen und zu entdecken, die jenseits meines gewohnten Horizonts liegen, und wenigstens einen kleinen Teil davon zu ergründen, wo unsere Grenzen liegen könnten – sowohl im Privaten als auch in der Gesellschaft. In Anlehnung an das Projekt, ein Dorf auf dem Mond zu errichten, nenne ich diesen Wunsch, über den Tellerrand hinauszuschauen, 'über die Atmosphäre hinausschauen'! Ich bin selbstverständlich auch der Ansicht, dass wir uns bemühen müssen, Antworten auf unsere Alltagsprobleme zu finden, aber jeder Mensch muss auch imstande sein, ein bisschen darüber hinaus zu planen – über das tägliche Leben hinauszublicken, über den Horizont hinaus. Deshalb bemühe ich mich, immer aufgeschlossen und neugierig zu bleiben, immer alle Möglichkeiten auszureizen.

Einer der unvergesslichsten Augenblicke in meinem Leben fand im Juli 1969 statt, als die Menschheit ihre ersten Schritte auf dem Mond machte. Ich war ein junges Mädchen von zwölf Jahren, und als ich in jener Nacht diesen absolut einzigartigen magischen Moment miterlebte, sagte ich mir, dass Träume tatsächlich wahr werden können. Ich sagte mir, dass selbst Türen, die außer Reichweite zu liegen scheinen, geöffnet werden können. Diese Erfahrung hat mir zweifellos die Kühnheit und die Kraft verliehen, Türen aufzustoßen, Missionen zu übernehmen und nicht aufzuhören, zu erkunden, zu erforschen – Orte zu entdecken, an denen ich noch niemals war.

Claudie Haigneré stammt aus dem französischen Burgund. Sie hat Medizin, Biologie, Sportmedizin, Luft- und Raumfahrtmedizin studiert und war auf zwei Missionen im All (MIR, ISS).

Graça Machel wurde in Gaza in Mozambique geboren. Sie war die erste Bildungsministerin ihres Landes und ist die Witwe von Samora Machel und Nelson Mandela. Sie engagiert sich aktiv für Menschenrechte.

_ Graça Machel

Meine Mutter stand mit sechs Kindern da, die sie alleine großziehen musste, und das mit sehr begrenzten materiellen Mitteln. Man hätte uns wohl als arm bezeichnet, aber das waren wir nicht, weil in unserer Familie ein starkes Gefühl von Würde vorherrschte, und wir konnten mit dem, was wir hatten, auskommen. So waren wir später für alle Lebenslagen gerüstet. Meine Mutter hat darum gekämpft, uns das beste Handwerkszeug fürs Leben mitzugeben: eine Schulbildung. Das Fundament, das ich, als ich heranwuchs, erhielt, hat es mir ermöglicht, mein ganzes Leben lang frei zu sein. Weil ich mir dessen immer bewusst bin, kann ich verstehen, wie wichtig es für jede einzelne Frau auf der Welt ist, die Freiheit zu besitzen, Entscheidungen zu fällen und zu tun, was immer sie erstrebt. Ich habe immer bewundert, wie Frauen an ihren Träumen festhielten, und ihre Entschlossenheit, etwas für sich selbst und für ihre Familie aufzubauen.

Wir sollten nicht sagen, dass sich die Dinge zum Schlechten entwickeln, nur weil es Stolpersteine gibt.

Millionen von Menschen setzen sich bewusst für das Gute und für den Schutz der Menschenrechte ein — und dabei auch für die Rechte von Frauen und Kindern — und das ist ein Fortschritt. Den Gedanken sind keine Grenzen gesetzt.

Fátima Carvalho wurde in Merces, Brasilien, geboren. Sie ist Portugiesisch-Lehrerin und gründete in London ihre eigene Sprachschule. Außerdem rief sie das Sozialnetzwerk Caipirinha Club ins Leben.

_ Fátima Carvalho

Im Leben geht es nicht darum, Dinge anzuhäufen, es geht darum, aus Erfahrungen zu lernen und für sein eigenes Schicksal verantwortlich zu sein.

Meine Mutter ist mein Vorbild. Sie hat mir beigebracht, stark zu sein, für das, was ich will, zu kämpfen, und ein ehrlicher, positiver Mensch zu sein. Meine Mutter hatte keine höhere Bildung – sie hat nicht einmal die Grundschule beendet –, aber sie wurde zu einer unabhängigen Frau, die immer betont hat, wie wichtig Lernen ist. Sie hat dafür gesorgt, dass wir zur Schule gingen und später zur Universität. Ohne sie wäre mein Leben vollkommen anders verlaufen. Wenn es schwere Zeiten gab, hat sie für ihre Kinder etwas Positives geschaffen. Sie hat sogar ein Kind adoptiert, dessen Mutter ihren Job verloren hatte. Das habe ich gelernt: Egal, wie dreckig es dir geht, deine Großmut muss deswegen nicht erlöschen.

_ Maggie Beer

Auf eine bizarre Art und Weise hat mir meine schwierige Kindheit in meinem Leben wahnsinnig geholfen – sie hat mir sehr viel Charakterstärke verliehen. Als ich vierzehn war, haben meine Eltern alles verloren, und ich bin von der Schule abgegangen, um die Familie zu unterstützen. Mein älterer Bruder ist zur gleichen Zeit von der Schule abgegangen, und unser dürftiger Lohn – ich habe fünf Pfund die Woche verdient, er sieben Pfund – hat die Familie über Wasser gehalten. Eine heißgeliebte Tante hat dann noch ein Haus für uns gemietet. Das hat mich schon in sehr jungen Jahren gelehrt, dass man alles schaffen kann. Ich habe nicht viel über unsere Verhältnisse nachgedacht – ich habe einfach angepackt.

Die Art von Behagen zu erzeugen, das die Leute empfinden, wenn sie meine Gerichte essen, macht mir große Freude. Ich koche unwahrscheinlich gern und ich teile auch gern. Vom gedeckten Tisch geht eine solche Herzlichkeit und Großzügigkeit aus, die das Leben enorm bereichert, wenn man gutes Essen liebt. Ich habe furchtbar gern Menschen um mich, die sich ebenfalls freuen, da zu sein – Menschen, die ernsthaft an gutem Essen und am Leben interessiert sind und daran, wie wir es besser machen können.

Jeder Mensch sollte etwas haben, über das er sich freut – Eingebundenheit, Hoffnung –, egal, ob er fünf Jahre alt ist oder fünfundneunzig.

Maggie Beer wurde in Sydney, Australien, geboren. Sie führte das Restaurant The Pheasant Farm und kümmert sich nun in ihrer Stiftung um die Qualitätssicherung der Essensversorgung in der Altenpflege.

Florence Aubenas wurde in Brüssel, Belgien, geboren und ist eine preisge-
krönte Journalistin.

_ Florence Aubenas

Was mich wirklich anspornt, ist die Kombination von zwei Dingen: die Neugier, zu ergründen, was auf der menschlichen Ebene vor sich geht, und dann noch die Überzeugung und Hoffnung, dass mein Zeugnis bis zu einem gewissen Grad dazu beiträgt, etwas zu verändern. Vor etwa fünfzehn Jahren, 2005, ist mir etwas zugestoßen, was das Leben total auf den Kopf stellt. Ich wurde im Irak als Geisel genommen. Ich bin Journalistin, und in Kriegsgebiete zu reisen, gehört zu meinem Job. Deshalb bin ich mir der Berufsrisiken durchaus bewusst. Ich bin mir bewusst, was alles passieren könnte: Man könnte verwundet werden, gekidnappt oder sogar sterben. Aber wenn man in solche Gegenden aufbricht, glaubt man trotz allem, dass diese Dinge nur anderen passieren. Es ist allerdings mir passiert. Ich wurde gekidnappt, gefangen gehalten und dann nach sechs Monaten befreit.

Ich werde oft gefragt, ob ich das Gefühl habe, ich hätte mich verändert. Aber das habe ich nicht. Ich habe noch dieselben Freunde, dieselbe Arbeit und dasselbe Appartement, und mein Leben verläuft so ziemlich genauso wie vorher. Es ist meine Außenwirkung, die sich verändert hat. Wenn mich die Leute heute sehen, denken die meisten von ihnen: 'Ach ja, die war ja mal in Geiselhaft.' Das hat tiefgreifende Auswirkungen darauf, wie sie mich wahrnehmen.

Was mich glücklich macht ist daher, unerwartet und durch Zufall den rechten Moment zu treffen, an den erstaunlichsten, unwahrscheinlichsten Orten. Als ich als Putzfrau gearbeitet habe, bin ich in eine Schicksalsgemeinschaft mit einer Gruppe von Frauen eingetreten, die heute noch dieser Arbeit nachgehen. Putzfrau zu sein ist schwer. Es ist anstrengend, erniedrigend, ja sogar entwürdigend. Und doch haben mir bei der Arbeit die Dinge, die wir miteinander teilten, die meiste Freude gemacht – nicht die Arbeitsbedingungen natürlich, sondern die Momente des aktiven Austauschs zwischen uns.

Was mich wirklich anspornt,
ist die Kombination
von zwei Dingen:
die **Neugier**, zu ergründen,
was auf der menschlichen Ebene
vor sich geht, und dann noch
die **Überzeugung und Hoffnung**,
dass mein Zeugnis
bis zu einem gewissen Grad
dazu beiträgt,
etwas zu **verändern**.

———

Florence Aubenas

Es geht darum,
Frauen darin zu **bestärken**,
die Menschen zu **sein**,
die sie gern sein möchten.
Und es geht darum,
dass ihre Stimmen
Gehör finden.

———————

Louise Nicholas

Louise Nicholas wurde in Rotorua in Neuseeland geboren. Als Kind selbst von Missbrauch betroffen, setzt sie sich als Anwältin und mit Kampagnen für die Prävention gegen sexualisierte Gewalt ein.

_ Louise Nicholas

Ich bin Überlebende von sexuellem Missbrauch im Kindes- und im Erwachsenenalter, den Mitglieder der neuseeländischen Polizei von meinem dreizehnten bis zu meinem neunzehnten Lebensjahr an mir begangen haben. Viele Jahre habe ich den Mund gehalten. Ich habe vertuscht, was geschehen ist, weil ich mir selbst die Schuld gegeben und mich unglaublich geschämt habe. Der Polizist, der mir vom Alter von dreizehn Jahren an Gewalt angetan hat, war ein Freund der Familie und genoss in unserer Gemeinde ein hohes Ansehen. Ich hatte eine Wahnsinnsangst, dass es herauskommen könnte, weil ich dachte, meine Familie würde mich deswegen hassen. Ich habe versucht, mir das Leben zu nehmen – es ging mir dabei nicht darum, es mir leichtzumachen, ich wollte meiner Familie die Schande ersparen. Aber ich habe dann doch die Kraft gefunden, Anzeige zu erstatten. Allerdings hat nie jemand meiner Familie und mir das Strafjustizsystem erklärt, und nicht zu verstehen, wie solche Prozesse ablaufen, kann einem minderjährigen Opfer wirklich den Rest geben.

In Neuseeland wird eine von drei Frauen körperlich oder sexuell missbraucht, bevor sie sechzehn ist. Viele dieser Frauen geben ihre Erlebnisse nie preis. Und bei denen, die es doch tun, kann es Jahrzehnte dauern, bis sie mit dem, was ihnen zugestoßen ist, an die Öffentlichkeit gehen. Ich gebe mir solche Mühe, sie zu ermutigen und zu stärken.

Das hat nichts damit zu tun, ein Verfahren zu durchlaufen – es geht nicht darum, zur Polizei zu gehen oder vor Gericht –, es geht darum, diese Frauen darin zu bestärken, die Menschen zu sein, die sie gern sein möchten. Und es geht darum, dass ihre Stimmen Gehör finden – keine stummen Opfer mehr! Schweigen ist tödlich, auf so vielen Ebenen: Die Selbstmordrate der Opfer ist zu hoch, und wenn man mit Gefangenen spricht – die Schichten ihres Zorns abschält – ist das zugrundeliegende Motiv häufig, dass auch sie selbst sexueller Gewalt ausgesetzt waren.

Nachdem man sie in ihren dunkelsten Stunden erlebt hat, sie begleitet hat bei dem Prozess, den sie durchlitten haben, ist es wahrhaftig wie bei der langsamen Entwicklung zum aufrechten Gang in der Evolution des Menschen! Das erkenne ich in den Überlebenden, mit denen ich arbeite: diesen Moment, an dem sie erhobenen Hauptes dastehen und so verflucht stolz darauf sind, dass sie etwas erreicht haben, das sie nie für möglich hielten. Und dieses Etwas ist: 'Ich habe geredet.' Es ist, als würde man aus der Dunkelheit ins Licht treten, in dem Bewusstsein, alles Menschenmögliche für sich selbst getan zu haben. Wenn du erst einmal in dieses Licht eintauchst, ist der ganze üble, faulige, grausige Mist aus deiner Seele verschwunden. Das ist etwas, das ein Mensch nur alleine schaffen kann. Und dieses Licht ist der Anfang eines neuen Lebens.

Joanne Fedler wurde in Johannesburg, Südafrika, geboren. Sie arbeitet als Rechtsberaterin für Frauen und verfasste erfolgreiche Romane, darunter der Spiegel-Bestseller Weiberabend.

_ Joanne Fedler

Ich bin mit einer älteren Schwester aufgewachsen, die taub ist, daher war mir immer bewusst, dass manche Menschen keine Stimme haben und dass ich meine dazu nutzen musste, für andere zu sprechen. Die Wohltaten des Lebens sind nicht gleichmäßig aufgeteilt. Eine Laune der Natur bringt es mit sich, dass einige von uns etwas bekommen und andere nicht. Ich bin in Südafrika großgeworden, wo ich unmöglich übersehen konnte, dass ich Privilegien besaß – aus keinem eigenen Verdienst –, die anderen fehlten. Diese Ungerechtigkeit verdirbt alle Schönheit. Wie können wir uns an Wohlstand, Obdach, Bildung erfreuen, wenn Menschen um uns herum das nicht können?

Ich dachte, ich könnte meine Stimme einsetzen, indem ich die Gesetze änderte. Also habe ich Jura studiert, und als ich meinen Master in der Tasche hatte, ging ich zurück nach Südafrika und wurde Rechtsberaterin für POWA (People Opposing Women Abuse). Meine Erfahrungen im direkten Umgang mit missbrauchten Frauen haben mich tief bewegt und verändert. Ich fing an, die Grenzen des Rechts zu erkennen. Meine Illusionen über das, was ich erreichen konnte, schwanden dahin. Ich war als Idealistin an die Arbeit gegangen. Doch dann nahm ich eines Tages an einem Treffen von Frauenrechtsgruppen teil. Eine alte afrikanische Frau stand auf und sagte: 'Warum redet ihr die ganze Zeit davon, wie furchtbar Vergewaltigung ist? Ich wurde vergewaltigt, meine Tochter wurde vergewaltigt, meine Enkelinnen wurden vergewaltigt, und auch deren Kinder werden vergewaltigt werden. Es gibt Schlimmeres, als vergewaltigt zu werden. Wir brauchen medizinische Versorgung, Wohnraum und Jobs. Das sind die Dinge, die uns wichtig sind.' Ich arbeitete damals schon seit sechs Jahren als Frauenrechtsanwältin, um Gewalt gegen Frauen zu stoppen. Diese Matriarchin hatte erlebt, wie jede einzelne Generation ihrer Familie misshandelt, tätlich angegriffen und entehrt wurde. Und als ich sie sagen hörte: 'So ist es nun mal', wurde mir klar, dass ich für niemanden sprechen konnte, weil ich ihre Lebenswirklichkeit nicht kannte. Ich hatte kein Recht, mich vor diese Frauen zu stellen und ihnen zu verkünden, sie bräuchten ein effektiveres System, um mit Vergewaltigern zu verfahren. Gleichzeitig konnte ich den Gedanken nicht ertragen, dass es so weit gekommen war – zur Akzeptanz, dass es nun einmal so ist.

Mit so einer Welt wollte ich nichts zu tun haben. In diesem Augenblick kam ich mir ganz klein und ausgelaugt vor. Ich verlor meinen Willen, die Schlacht zu schlagen. In der Rückschau erkenne ich, dass Wut und Verbitterung ein notwendiges Stadium der Bewusstseinsbildung sind. Wenn man sich politisiert, muss man vollständig scheitern, damit man mit einem reifen Verständnis dafür zurückkommt, wie man wahrhaft Gemeinschaft bildet, wie man Fürsprecherin wird und wie man Wunden heilt.

Seitdem befinde ich mich auf einer inzwischen fünfundzwanzig Jahre währenden Reise des spirituellen Erwachens, die mich zu Meditation, zum Buddhismus und in die Therapie geführt hat, und was mich verwundert, ist, dass Geschichtenerzählen den Kern aller Heilungsprozesse und des Überlebens bildet. Wenn wir unseren Geschichten als Erzähler statt als Opfer Gestalt geben und unseren Erlebnissen Bedeutung abgewinnen können, haben wir eine Chance, uns zu verwandeln. Und wenn wir unsere Stimme finden und unsere Geschichten mit anderen teilen, leuchten wir anderen Menschen den Weg aus, damit sie es uns gleichtun können. Jetzt will ich nicht mehr kämpfen. Ich will bewahren. Ich will die Geschichten der Menschen bewahren und es ihnen ermöglichen, die Macht über sich zurückzugewinnen durch die Schilderung ihres Überlebens, und ich möchte ihren Schmerz honorieren. Heute helfe ich Menschen dabei, durch kreative Ausdrucksmöglichkeiten diesen Moment des Sich-fallen-Lassens und der Wandlung zu finden.

_ Maria Shriver

Als mein Vater die Diagnose Alzheimer bekam, musste ich mit ansehen, wie der gescheiteste Mensch, dem ich jemals begegnet bin, den Verstand verlor – und das in Echtzeit. Die Erfahrung hat dazu geführt, dass ich unbedingt wissen wollte, was sich im Gehirn abspielt und wie Alzheimer ein so fein abgestimmtes Instrument beeinträchtigen kann, bis hin zu dem Punkt, an dem der Kranke nicht einmal mehr weiß, wozu eine Gabel gebraucht wird. Also habe ich angefangen, mich über Alzheimer kundig zu machen. Wie alle, mit denen ich über die Statistiken spreche, war ich erstaunt und geschockt, als ich feststellte, dass Frauen weitaus anfälliger für die Krankheit sind als Männer. Ich kam zu dem Schluss, dass ich in einer Position war, Alarm zu schlagen, Frauen darüber aufzuklären, dass sie gefährdet sind, und auf internationaler Ebene die Menschen anzuspornen, ein Heilmittel zu suchen. Ich habe es zu meiner Mission gemacht, Frauen zum Nachdenken darüber anzuregen und sie zu stärken, in der Absicht, ihnen Leid zu ersparen. Ich hoffe, das wird sie dann wiederum ihr gesamtes Leben stärken.

Wenn Frauen sich in etwas vertiefen, sind die Möglichkeiten endlos. Deshalb glaube ich, dass man Frauen wachrütteln kann, damit sie andere und sich selbst davor bewahren, den Verstand

Maria Shriver wurde in Chicago, Illinois, USA, geboren. Sie ist Autorin, Journalistin und Produzentin. Als First Lady Kaliforniens setzte sie sich für die Rechte von Frauen und für sozial Benachteiligte ein. Heute ist sie Botschafterin im Kampf gegen Alzheimer.

zu verlieren. Es war immer schon meine Leidenschaft, Frauen zu stärken – emotional, körperlich, geistig, spirituell und finanziell – deshalb habe ich tatsächlich das Gefühl, als ob mein gesamtes Wirken mich zu diesem Moment hingeführt hat. Alzheimer hat Auswirkungen auf alle diese Bereiche im Leben einer Frau und ihrer Familie, denn Frauen bilden das Zentrum ihrer Familien.

Mein Ziel ist es, all diejenigen zu stärken, die man geschwächt hat, damit wir alle die gleiche Sprache sprechen können. Auch wenn der Verstand bei uns allen ganz unterschiedlich ist, haben wir doch alle die gleichen Seelen und die gleichen Herzen, und wir wollen alle die gleichen Dinge.

Mein Ziel ist es,
all diejenigen zu
stärken,
die man geschwächt hat,
damit wir alle
die gleiche Sprache
sprechen können.

———

Maria Shriver

Gina Belafonte wurde in New York City, USA, geboren. Sie ist Bürgerrechts-
aktivistin, Schauspielerin und Regisseurin. 2017 organisierte sie den Women's
March in Los Angeles.

_ Gina Belafonte

Ich weine schnell. Jemand hat mir einmal gesagt, ich würde für die weinen, die es selbst nicht können. Darüber habe ich viel nachgedacht. Schmälern Tränen das, was ich ausdrücken möchte, oder werten sie es auf? Darauf weiß ich noch keine Antwort.

Aber ich lache auch gern. Ich glaube, das liegt daran, dass ich als Kind alles, was bei uns zu Hause vorging, verinnerlicht habe. Die Treffen der Bürgerrechtsbewegung und die Strategiesitzungen waren häufig von einer echten Unbeschwertheit durchdrungen, und das hat mich angezogen. Erst als ich in der Mittelschule war und anfing, über meine Hausaufgaben zu 'stolpern', wurde bei mir Legasthenie diagnostiziert. Legasthenikerin zu sein, war eine zutiefst frustrierende und demütigende Erfahrung, vor allem dann, wenn ich vor meiner Klasse laut vorlesen musste. Ich habe gelernt, meine Schmach mit Humor zu kaschieren, wodurch ich auch meine Schlagfertigkeit entdeckt habe.

Auf der High School of Performing Arts hat es mich zur Komödie hingezogen. Humor kann helfen, seelische Wunden zu heilen und auch, die Dinge auf Normalmaß zurechtzustutzen. Er kann außerdem ein wirkungsvolles Mittel sein, den Ungerechtigkeiten unserer Welt zu begegnen.

Hodan Isse wurde in Hargeisa, Somalia, geboren. Sie ist Wirtschafts- und Finanz-
expertin und lehrt an der School of Management der University in Buffalo,
New York, USA.

_ Hodan Isse

Zur Definition von Gerechtigkeit gehören auch Bereitstellung von Diensten, Redefreiheit und die Stimmen eines jeden Einzelnen.

Eine Frau in einer ländlichen Gegend, die arm, mangelernährt und krank ist, hat in dieser Welt keine Stimme, wo doch eigentlich ihre Stimme die lauteste von allen sein müsste. Stattdessen ist sie beinahe eine Unberührbare. Gerechtigkeit bedeutet außerdem eine faire Verteilung von Ressourcen. Derzeit werden die globalen Ressourcen schlecht verwaltet, indem sie zugunsten weniger Auserwählter ausgebeutet werden. Ich bin sehr dankbar für das, was Gott mir geschenkt hat, aber ich rufe mir immer wieder ins Gedächtnis, dass er mir eigentlich zu viel gegeben hat. Ich finde, mehr Menschen sollten das tun.

Während meiner Kindheit in Somalia lebten wir zwar in einer Diktatur, aber eines hatte die Regierung, und das über mehrere aufeinanderfolgende Regime, und zwar eine klare Linie in der Geschlechtergerechtigkeit. Ich saß in einer Bank mit Jungs und verspürte keine Notwendigkeit, mit ihnen in einen Wettstreit zu treten. Als ich allerdings vor nicht allzu langer Zeit noch einmal nach Somalia zurückkehrte, stellte ich fest, dass das nicht mehr der Fall war. Frauen werden überall in die Ecke gestellt. Und das

_ Hodan Isse

hat nichts mit dem Islam zu tun, wie viele Menschen meinen. Es ist vielmehr alles eine Sache der Kultur.

Es herrscht die irrige Meinung vor, der Islam wäre eine sexistische Religion, aber das stimmt nicht. Ich bin sehr stolz, Muslima zu sein, deshalb habe ich mich, je stärker diese Lesart in den Medien forciert wurde, umso mehr in unsere Geschichte vertieft. Und ich kam zu der Erkenntnis, dass der Prophet Mohammed eigentlich ein Befreier der Frauen war. Bevor er auftauchte, waren Frauen unsagbaren Gräueln ausgesetzt.

Die meisten der Frauen, die im Koran Erwähnung finden, sind Beraterinnen ihrer Männer. Sie sind ihnen intellektuell ebenbürtig und verdienen Respekt. Deshalb konnte ich mir die Schieflage zwischen unserer Geschichte und der frauenfeindlichen Lesart nicht erklären, die sich immer mehr breitmachte. Die Schieflage geht auf den Einfluss der Kultur zurück, was häufig übersehen wird.

Was mir bei meiner aktivistischen Arbeit hilft, ist die Frage: »Ist das Religion oder ist das Kultur?« Wenn es sich um Kultur handelt, dann interessiert es mich nicht, denn Kultur ist etwas von Menschen Geschaffenes und von zahlreichen ererbten Werten geprägt, von denen viele im Kontext akzeptierter Menschenrechte keinen Platz mehr haben. Ein Beispiel dafür wäre die weibliche Genitalverstümmelung, von der ich selbst ein Opfer bin. Das ist nicht Religion. Die Tradition der weiblichen Beschneidung ist so fest verankert, dass ich mir selber die Messer dafür gekauft habe. Viele Mädchen freuen sich darauf, beschnitten zu werden, denn so können sie dem gesellschaftlichen Stigma entkommen. Wenn du nicht beschnitten bist, wirst du beleidigt und die Leute bezeichnen dich als unrein. Doch die Folgen weiblicher Genitalverstümmelung für das Leben einer Frau sind unvorstellbar.

Eva McGauley wurde in Wellington, Neuseeland, geboren. Schon mit 13 Jahren engagierte sie sich im Wellington Rape Crisis Centre, das Frauen und Mädchen, die Opfer sexueller Gewalt wurden, unterstützt.

_ Eva McGauley (1999–2018)

Als ich fünfzehn war, wurde bei mir ein Nasenrachenkarzinom festgestellt, eine seltene Krebsart, die einen von sieben Millionen Menschen trifft. Mein Kinderarzt hatte zuerst fälschlicherweise Pfeiffersches Drüsenfieber diagnostiziert, aber als wir schließlich herausfanden, dass ich Krebs hatte, verbrachte ich fünf Monate im Krankenhaus, wo ich mich einer intensiven Behandlung mit Chemotherapie und Bestrahlung unterzog. Die Chemo tötet alle vermehrungsfreudigen Zellen ab, daher hat sich die Behandlung auf meine Haare, meine Magenschleimhaut und meinen Mund ausgewirkt. Wegen der Bestrahlung konnte ich nichts essen oder trinken. Nach der Chemotherapie und der Bestrahlung sagte man mir, ich sei in Remission, aber drei Wochen später erklärten die Ärzte, sie hätten sich geirrt und ich wäre im Endstadium.

Die Leute glauben, man würde zusammenbrechen, wenn man so etwas gesagt bekommt, und haben dann sofort eine Antwort parat, wenn sie dich fragen, was du nach dieser Nachricht jetzt anfangen willst. Aber ich weiß es immer noch nicht – es ist immer noch nicht wirklich zu mir durchgedrungen. Ich glaube, das wird es auch nicht, bis es unbedingt nötig ist.
Ein paar Tage lang habe ich überhaupt keine Gefühle gezeigt – meine Mum hat das vielleicht getan, aber nicht in meiner Gegen-

wart. Das war hart, weil wir beide einfach nur versucht haben, uns umeinander zu sorgen und einander zu beschützen. Dann wurde uns allen plötzlich bewusst, dass meine Familie einfach ohne mich wird auskommen müssen.

Meine Familie ist mein Support System, meine Stütze, mein Trägersystem. Sie halten mich zusammen, und ich sie.

Alle Menschen, auf die ich baue – und die auf mich bauen – atmeten einmal tief ein und hielten die Luft an, während wir uns die Auswirkungen bewusst machten. Ich bin immer noch nicht sicher, wann ich wieder ausatmen kann.

Als Antwort auf die Frage
'Was möchtest du noch **tun**,
bevor du **stirbst?**'
würde ich sagen,
dass ich genau das tun möchte,
das ich immer vorhatte;
nur eben ganz besonders **schnell**.

Eva McGauley

Irène Frachon wurde in Boulogne-Billancourt in Frankreich geboren. Sie ist Ärztin am Uniklinikum Brest und deckte in Studien bei Patienten mit Herzbeschwerden einen Zusammenhang mit der Einnahme eines Appetit-zügler-Medikaments auf, das anschließend vom Markt genommen wurde.

_ Irène Frachon

Meine größte Motivation ist meine Weigerung hinzunehmen, dass Menschen wissentlich andere Menschen aus Geldgier missbrauchen. 2007 deckte ich ein unglaubliches Verbrechen auf, das von Servier, einem französischen Pharmaunternehmen, begangen wurde. Sie hatten ein Medikament, das 1997 verboten worden war, weiterhin verkauft. Millionen von Menschen auf der ganzen Welt wurden mit diesem sogenannten Wundermittel vergiftet. Wir wissen, dass Tausende Menschen nach Einnahme des Mittels starben beziehungsweise jetzt schwer herzkrank sind. Die Firma weist weiterhin jede Verantwortung von sich und hat kein Mitleid.

'Du weißt nicht,
wie **stark** du bist,
bis stark zu sein
die einzige **Wahl** ist,
die du hast.'

———————

Miranda Tapsell

Miranda Tapsell wurde in Darwin, Australien, geboren. Sie ist als Schauspielerin tätig und stammt vom indigenen Volk der Larrakia ab.

_ Miranda Tapsell

Meine Mum hat mich dazu erzogen, sehr, sehr stolz auf meine Herkunft zu sein. Ich habe mich dafür entschieden, als Aborigine zu gelten, und werde sehr oft darauf angesprochen. Ich stelle mich den Menschen gern als Aborigine vor, aber das scheint ziemlich zu polarisieren. Ich weiß nicht, warum manche Leute denken, mein Stolz auf meine Herkunft wäre gleichbedeutend mit Hass auf alle nicht-indigenen Menschen. Ich hasse nicht-indigene Menschen nicht, ich bin mir nur eines Systems bewusst, das nicht-indigene Menschen fördert und es versäumt, die Schutzloseren, zu denen auch die indigenen Völker gehören, zu fördern.

Von 1869 bis 1980 wurden Aborigine-Kinder mit Gewalt ihren Müttern weggenommen. Neuseelands Premierminister John Howard, der von 1996 bis 2007 im Amt war, stellte die Rechtmäßigkeit der Ansprüche auf Entschädigung infrage und weigerte sich, die Verletzungen einzugestehen, die jahrzehntelang Aborigine-Familien zugefügt worden waren. Zwar wurde ich nie meiner Mutter weggenommen, doch wenn ich in den Sechzigern gelebt hätte, wäre das – bei meiner Larrakia-Mutter und meinem nicht-indigenen Vater – mein Schicksal gewesen. Als ich meinen eigenen Premierminister fragen hörte, warum eine Entschuldigung so wichtig wäre, war das für mich daher so, als hätte er gefragt: 'Warum gibt es euch überhaupt? Warum seid ihr hier? Warum macht ihr uns ein schlechtes Gewissen?'

Bob Marley hat einmal gesagt: 'Du weißt nicht, wie stark du bist, bis stark zu sein die einzige Wahl ist, die du hast.' Dem kann ich nur zustimmen, denn manchmal schreite ich, wenn ich weiß, das etwas getan werden muss, gleich zur Tat, dann schaue ich zurück und denke: 'Oh, mir ist gar nicht aufgefallen, wie mutig ich war.' Für mich zeigen solche Aktionen, was Mut bedeutet.

Masako Osada stammt aus Shimonoseki, Japan. Sie ist Schriftstellerin, Übersetzerin, bildende und Kampf-Künstlerin. Als engagierte Naturschützerin berät sie die Organisation Tears of the African Elephant.

_ Masako Osada

Als Kind habe ich Karate nie gemocht – ich hielt es für eine stumpfsinnige machohafte Demonstration von Macht gegen Macht. Ich habe eine sehr viel sanftere Ausdrucksweise gefunden. Seinen Körper und seinen Geist kontrollieren zu lernen, führt zu Achtsamkeit und innerem Frieden, was einen wiederum freundlicher macht. Eine der Lehren zum Thema Demokratie, die noch nachklingt, ist, dass Freiheit und Verantwortung zusammengehören. Freiheit bedeutet, imstande zu sein, seiner Berufung zu folgen. Ich habe keinen Bürojob mit einem festen Gehalt und Altersvorsorge, ich habe keine finanzielle Sicherheit, aber ich bin auch kein Rädchen im Getriebe einer großen Organisation. Ich würde immer Freiheit der finanziellen Absicherung vorziehen.

Julia Leeb wurde in München geboren. Sie arbeitet als Fotojournalistin und Filmemacherin. Für ihre Arbeit reist sie immer wieder in Kriegs- und Krisengebiete wie den Kongo, Syrien, Libyen, Südsudan.

_ Julia Leeb

Den Wandel der Welt in Bildern einzufangen, ist mein Beruf. Ein Land, in dem ich vor einem Jahrzehnt das erste Mal gearbeitet habe, besteht heute nur noch aus Fragmenten. Ein anderes Land ist mittlerweile völlig kollabiert. Ein weiteres gab es zu dem Zeitpunkt, als ich meinen Beruf begonnen habe, noch gar nicht. Und ein Land hat es noch nie gegeben – zumindest nicht offiziell. An all diesen Orten, tief verborgen im toten Winkel unserer Welt, begegneten mir beeindruckende Frauen, die noch nie voneinander gehört haben und doch eine Gemeinsamkeit teilen.

Sanftmut

Miriam sitzt auf einem Plastikstuhl vor mir. Die Hitze in den sudanesischen Nuba-Bergen ist kaum auszuhalten, und die Lage ist unübersichtlich. Ist nun Waffenstillstand oder nicht? Stimmen die Gerüchte, dass chemische Waffen zum Einsatz kommen? Gehören die Nuba zum Sudan oder zum Nachbarn Südsudan, dem jüngsten Land der Welt? Ich wollte mir ein eigenes Bild vor Ort machen und machte mich trotz Warnungen auf den Weg. Ab einem gewissen Punkt konnte ich nur noch in einem Cargo-Flugzeug, eingepfercht zwischen fünf Tonnen Fracht, weiter in Richtung Grenze fliegen. Die erste Nacht im Sudan schlief ich dann buchstäblich auf einer Straße. Die improvisierte Natur meiner Reise passte zu den unüberschaubaren Verhältnissen vor Ort. Nur durch Glück bin ich auf Miriam gestoßen, denn ihr Mann, den ich eigentlich treffen wollte, hatte sich verspätet. Miriam, geboren

in einem Land, das heute nur noch zwei Drittel seiner ursprüng-
lichen Größe hat, setzt dem Chaos ihres Umfelds ihren glasklaren
Verstand entgegen. Ruhig berichtet sie von ihrer Arbeit als
Krankenschwester. Sie erzählt, wie an schlimmen Tagen im Minuten-
takt Verletzte in das einzige Krankenhaus der Gegend gebracht
werden. Da es hier, in dieser biblisch anmutenden Gegend, kaum
Autos gibt, werden die Patienten teils über Kilometer huckepack
transportiert. Miriam musste in ihren jungen Jahren schon bei
zahlreichen Amputationen mitwirken. Am schwersten war es für
sie, wenn es sich dabei um gute Freunde handelte. Dieses Schicksal
ereilt die Menschen, die nicht schnell genug in einen Schutzgraben
springen können. Die Schrapnells der Bomben fliegen nach ihrem
Aufprall wie scharfe Beile durch die Luft und zerschneiden alles,
was ihnen in den Weg kommt. Miriam ist sich bewusst, dass auch sie
auf einem Präsentierteller lebt, dass es auch sie jederzeit erwischen
kann. Selbst das Krankenhaus wurde schon bombardiert, aber
Miriam spielte nie mit dem Gedanken, wegzugehen. Sie bleibt,
um zu helfen. Wie kann ein Mensch in solch einer lebensfeind-
lichen Umgebung nur so rein bleiben, frage ich mich. Doch die
treue Miriam ist sich ihres Mutes nicht einmal bewusst. Selten traf
ich einen Menschen, dessen Innenleben so sehr im Einklang mit
seinen Handlungen steht. Miriams Zuversicht auf einen glücklichen
Ausgang irritiert und beeindruckt mich gleichermaßen. Ist ihre
Unschuld die Grundlage für Ihren Mut? Miriam fürchtet sich
nicht, denn sie ist getrieben von einem Motiv, das auf Liebe beruht.

Wagemut

Tief im Dschungel, irgendwo in der Demokratischen Republik
Kongo, gibt mir eine Kämpferin endlich das Signal, dass ich mit ihr
sprechen darf. Auf dem Weg zu ihrer Lehmhütte frage ich mich, was
zum Teufel mich dazu bewogen hat, hierherzukommen. Im Herzen
der Finsternis, wie der Kongo einst beschrieben wurde, ist vor über
zwei Dekaden der blutigste Konflikt seit dem Zweiten Weltkrieg
ausgebrochen. Die Regierung hat die Kontrolle über Teile des
Ostens verloren. In dieser verrohten Umgebung zählt ein
Menschenleben nichts. Hier gelten andere Regeln und zwar die
des Warlords, der diese Region zu seinem Königreich ernannt hat.
Justine, die Gerechte, das ist der Kampfname der jungen Frau,
legt die Kalaschnikow auf eine Ablage und beginnt zu erzählen. Ihr
ziviles Leben hat sie genau an dem Tag hinter sich gelassen, an dem
sie ihrem Peiniger die Waffe entwenden konnte. Immer wieder
kamen feindliche Rebellen ins Dorf, erschossen Männer und
vergewaltigten Frauen. Sie verletzten die Frauen dabei schwer. Wie
in vielen Kriegen, so sind auch hier die geschundenen Frauenkörper
eine Botschaft an den Feind. An diesem besonderen Tag besiegte
die junge Witwe ihre maßlose Angst, riss das Gewehr an sich,
rächte sich erbarmungslos und durchbrach endgültig die Spirale
ihres Opferdaseins.

Langsam nähern sich auch die anderen Kämpferinnen.
Die Geschichten ähneln sich. Sie alle sind über ihre Angst hinaus-
gewachsen. Sie alle hatten etwas zu verlieren, was wertvoller als ihr

eigenes Leben ist. Sie alle sind Mütter. Während der Gespräche stillen einige der Frauen ihre Kleinkinder, während sie ihre Kalaschnikows auf dem Rücken tragen. Milch für die Kinder, Kugeln für den Feind. Die Frauen, die ihre Angst nicht überwinden konnten, profitieren von den Furchtlosen. Sie stehen unter deren Schutz. Der Wagemut dieser Kämpferinnen erinnert an eine anarchische Zeit, in der es nur ein einziges Gesetz gab und zwar das des Stärkeren. Eine Zeit, von der wir in unserer Welt weit entfernt sind, doch, und das wird mir während der Gespräche bewusst, in die wir jederzeit wieder zurückgeschleudert werden können. Diese Kämpferinnen haben sich ihrem vorgegebenen Schicksal entgegengestellt und von dem Recht der Selbstverteidigung Gebrauch gemacht.

Freimut

Oxana ist eine schöne Frau. Ihre Stärke tut ihrer Weiblichkeit keinen Abbruch. Als ich Oxana zum ersten Mal begegnete, hatten wir kaum Zeit zu plaudern. Nach der Arbeit traf sie mich unter einer Lenin-Statue, wo ich in ihr Auto sprang. Auf dem Weg holten wir ihre kleine Tochter ab und rasten mit Vollgas zur Schule. Zur Kindervorstellung kamen wir dennoch zu spät. Wir rannten drei Stockwerke hinauf in den Umkleideraum und klebten bunte Herbstblätter auf das Kleid der Tochter. Sie war die einzige, deren Mutter sie zu spät brachte, und sie schämte sich. Doch ohne den Herbst konnte das transnistrische Pendant zu den Vier Jahreszeiten nicht beginnen. Unter den missbilligenden Blicken der anderen Mütter konnte die Vorstellung endlich beginnen. An den nächsten Tagen habe ich Oxana oft getroffen. Die meiste Zeit verbrachte sie im Laufschritt. Es war mir nicht entgangen, dass ihre Ehe schwere Zeiten durchlebt hat. Ihr Mann hatte sie oft betrogen und einmal sogar für eine Amerikanerin verlassen. Oxana blieb alleine zurück. Sie konnte das Land auch nicht verlassen. Sie hat ja nur den transnistrischen Pass, der von keinem anderen Land der Welt anerkannt wird, und sie wusste auch nicht, wohin. Transnistrien ist eine abtrünnige Republik in Moldawien. Es gibt Grenzen, eine eigene Armee, einen Präsidenten, Ministerien, sogar eine eigene Währung. Transnistrien hat alles, was ein Land braucht, nur keine internationale Anerkennung. Die Anerkennung als verlassene Frau hingegen hat sich Oxana hart erarbeitet. Die macht ihr heute keiner mehr streitig. Der soziale Druck war enorm. Man gab ihr die Schuld. Doch Oxana beugte sich nicht den traditionellen Strukturen. Sie versuchte nicht, die Fehler ihres Mannes vor den anderen Frauen zu vertuschen. In dieser Phase ist Oxana zu dem Wesen gereift, das sie heute darstellt. Heute beherrscht sie ihre Gefühle und wird nicht mehr von ihnen beherrscht. Sie begann, ihr eigenes Leben zu führen. Sie ist eine gute Mutter. Hat eine Ausbildung absolviert. Einen Beruf ergriffen. Eigenes Geld verdient. Die Sachen selbst in die Hand genommen. Diese Emanzipation, diese wie Kant sagen würde, „sich aus der Bevormundung durch andere zu befreien", „den Ausgang des Menschen aus seiner selbst verschuldeten Unmündigkeit" zu finden, hat ihr eine unwider-

stehliche Souveränität verliehen. Natürlich kam ihr Mann zurück.
Er liegt ihr heute zu Füßen. Es ist wider Erwarten eine glückliche
Ehe geworden. Doch heute ist sie eine andere Frau. Ihre Entschluss-
kraft und ihr Freimut sind Teil ihres neuen, befreiten Lebens.

Großmut

Der Aufstand war in diesen Tagen zum Krieg geworden. Wir waren
in einen Hinterhalt geraten. Kaum wurde ich mir dessen gewahr,
war es schon zu spät. Unser Auto, aus dem ich gerade ausgestiegen
war, explodierte. Unser wunderbarer Freund war zurück zum Auto
gegangen. Das war sein Todesurteil. Ein großartiger Mensch starb.
Noch vor ein paar Minuten gab er weise Ratschläge, als ahnte er,
dass er nur noch wenig Zeit hätte. Wir, die Überlebenden, sahen
den Feuerball, der einst unser Auto war, und verschanzten uns
hinter einer Düne. Dort bombardierte man uns mehrere Stunden,
bis es Nacht wurde. Wie durch ein Wunder entkamen wir der
libyschen Wüste lebendig. Da wir damals so schnell wie möglich aus
dem Land fliehen mussten, konnten wir die Familie unseres Freundes
nicht sofort besuchen und nicht gemeinsam mit ihr trauern.
Deshalb mussten wir später wieder zurück – zurück in den Krieg.
Überall an den Mauern hingen Bilder von Kriegsopfern. Ausge-
brannte Autos und Freiheitsflaggen säumten den staubigen Weg
zum Haus seiner Familie. Als die Tür aufging, überreichte ich
seiner Mutter einen Film, den ich zu Ehren unseres Freundes in

vielen Nächten geschnitten hatte. Im Kreise seiner Familie saßen wir im Wohnzimmer auf dem Teppich, schauten den Film an und erlebten herzzerreißende Momente. Seine Witwe schien an dem Verlust zu zerbrechen, einige Männer schworen Rache. Plötzlich hörte seine Mutter auf zu weinen, drehte sich zu ihren Söhnen und Enkeln und sprach mit ruhiger Stimme. Das Töten zwischen Brüdern müsse nun endlich aufhören. In diesem Moment des größten Schmerzes, in diesem heiligen Moment durchbrach sie den ewigen, selbstzerstörerischen Kreislauf der Rache und reichte den Feinden die Hand. Sie, die Mutter, war das Opfer eines Krieges geworden, den sie nie begonnen hatte, den sie nie wollte. Sie war es, die den größtmöglichen Preis bezahlte. Die Mutter wusste, dass es nur einen einzigen Ausweg aus der Zerstörungswut eines Bürgerkrieges gibt und offenbarte diese Gabe, die nur den Großmütigen vorbehalten ist. Die Gabe, als Erste zu vergeben.

Grenzen wurden neu gezogen, Länder verschluckt, vergessen und neu geboren. Nach dem Versagen der Politik ist die Zivilgesellschaft übrig geblieben. Die Gesellschaft wird von diesen Frauen, die keinen Puffer zwischen ihr Leben und der Wirklichkeit zulassen, zusammengehalten. Was haben diese Frauen von den unterschiedlichsten Flecken unserer Erde gemein? Erst spät habe ich begriffen, dass es ihr Mut war, der mir in verschiedenen Gestalten begegnet ist. Und so sind all ihre Träume auch zu den meinen geworden.

Bei jeder Entscheidung folge ich einer ganz und gar simplen Philosophie: Ich prüfe, ob die zu entscheidende Angelegenheit oder Sache zur Gesamtheit des menschlichen Glücks beiträgt. Wenn ja, dann mache ich es. Wenn es dagegen zur Gesamtheit menschlichen Leids beiträgt, dann ist es vermutlich besser, es nicht zu machen. Simpler geht's nicht.

Ich habe den Eindruck, Frauen empfinden permanent Scham. Wir werden dazu gebracht, uns schon allein dafür zu schämen, dass wir Frauen sind. Wir werden dazu gebracht, uns für unsere Körperfunktionen zu schämen. Wir werden dazu gebracht, uns zu schämen, weil wir nicht so aussehen, wie wir aussehen sollten, oder weil wir zu sehr aussehen, wie wir es sollten, oder weil wir zu viel reden oder zu wenig. Ständig wird abgewogen, was Frauen tun, sagen, sein, wollen oder erstreben dürfen. Glücklicherweise empfinde ich, je älter ich werde, immer weniger Scham und werde immer zufriedener. Meiner Auffassung nach kann jeder Mensch erlöst werden. Es ist wichtig, Verhalten und Meinungen zu verurteilen, aber niemals den Menschen, der sich auf eine bestimmte Art verhalten hat oder eine törichte oder sogar verachtenswerte Meinung zum Besten gegeben hat. Wenn man das erkannt hat, dann heißt es mit einem Mal nicht mehr 'wir und sie', sondern einfach nur 'wir'.

Es ist diese Verbindung und dieses 'Wir-sein', das ich erstrebe.

Jane Caro wurde in London, England, geboren. Im Alter von fünf Jahren übersiedelte sie nach Australien. Sie arbeitet als Autorin und Rednerin und ist regelmäßiger Gast im australischen Fernsehen.

Mariam Shaar wurde im libanesischen Flüchtlingscamp Bourj el-Barajneh in eine palästinensische Familie geboren. Bis heute ist sie dort als Sozialarbeiterin tätig, ermöglicht Frauen eine Schul- und Berufsausbildung, vermittelt ihnen Mikrokredite und Jobs.

Wir haben **Geschichte** geschrieben als erste von **weiblichen Flüchtlingen** geführte Einrichtung, die im **Libanon** eine kommerzielle Foodtruck-Lizenz beantragt hat.

———

Mariam Shaar

_ Mariam Shaar

Außerhalb seines Heimatlandes zu leben und nicht zurückkehren zu können – das macht mich traurig, und ich glaube, alle
Palästinenser empfinden so. Ich fühle mich überhaupt nicht wohl
damit, als 'Flüchtling' eingestuft zu sein. Ich mag dieses Wort
nicht und auch nicht, wie es sich praktisch auswirkt. Aber was
mich noch trauriger macht, ist das Leben, das wir alle in den Lagern
führen – das ist kein menschenwürdiges Dasein. Wir leben unter
sehr schlimmen Bedingungen.

Eins unserer aktuellen Projekte, Soufra, entstand auf der Grund-
lage einer Studie über die Bedürfnisse weiblicher Flüchtlinge im
Libanon. Diese Studie fand zum Beispiel heraus, dass den Frauen
eine angemessene Beschäftigung für ihre Lebensumstände fehlte.
Wir hatten bei der WPA (Women's Programme Association)
Kochkurse angeboten und erkannten darin das Potenzial für ein
Unternehmen. Mit Unterstützung eines Partners wurde Soufra

Wirklichkeit. Am Anfang war es nur eine kleine Catering-Firma, aber seither ist sie so stark gewachsen, dass wir inzwischen gesunde Kost an Schulen außerhalb des Camps liefern. Wir haben Geschichte geschrieben als erste von weiblichen Flüchtlingen geführte Einrichtung, die im Libanon eine kommerzielle Foodtruck-Lizenz beantragt hat. Dass Frauen Essen kochen, das sie außerhalb des Camps ausliefern, ist in der arabischen Gesellschaft eine sehr befremdliche Vorstellung – vor allem in der palästinensischen Gesellschaft – und ich habe anfangs tatsächlich ziemliche Befürchtungen gehegt. Doch wir waren vom Erfolg des Projekts überzeugt, und jetzt haben wir mehr als dreißig Teilzeitkräfte. Der Prozess, Soufra auf die Beine zu stellen, hat alles überstiegen, was wir uns vorstellen konnten, als wir angefangen haben – es erforderte unter anderem die Gründung einer Firma außerhalb des Lagers und die Gewinnung von Partnern – aber wir haben es geschafft!

_ Ivy Ross

Niemand – vor allem Frauen nicht – sollte sich von anderen vorschreiben lassen, wie er sein Leben zu gestalten hat. Mein Vater hat den Studebaker Hawk entworfen, und ich wollte immer sein wie er. Aber als ich ihm sagte, dass ich in seine Fußstapfen treten wollte, sagte er: 'Ivy, heirate einen reichen Mann, werde Lehrerin, dann hast du den Sommer über frei.' Das hat mich sehr getroffen, und obwohl ich inzwischen einsehe, dass er mir nur die Leiden ersparen wollte, die ihm seine Arbeit eingetragen haben, kam es mir damals vor, als würde man mir meine Träume rauben. Meine Mutter behauptet, an diesem Tag wäre ich in Wettstreit mit meinem Vater getreten! Das habe ich wohl tatsächlich getan, unbewusst. Ich dachte: 'Ich werde dir schon beweisen, dass ich meinen Traum leben kann.' Niemand sollte sich – seinen Träumen und seinen Überzeugungen – eines anderen wegen untreu werden. Ich habe den Eindruck, dass ich in dieser Hinsicht unerschrocken bin, und mein Vater hat das in mir ausgelöst.

Kreativität im Team entsteht aus Vertrauen und daraus, dass man miteinander im Einklang ist. Aber als ich mir mein Team ansah, wurde mir klar, dass sich die einzelnen Mitglieder nicht auf einer tieferen Ebene kannten, um einander vertrauen zu können, und sie hatten auch nicht dieselbe Wellenlänge. Ich hatte mich seit

Ivy Ross wurde in Yonkers in New York, USA, geboren. Ihre Metall-installationen sind in zwölf internationalen Museen vertreten. Sie arbeitet als Abteilungsleiterin Design bei Google.

dreißig Jahren hobbymäßig mit Klang und Schwingungen beschäftigt, also habe ich meinen Klanglehrer zurate gezogen und mit ihm einige Möglichkeiten durchgespielt, wie wir die Macht des Klangs dazu nutzen könnten, das Team, wenn wir gemeinsam etwas schaffen müssen, in einem Flow-Zustand zu vereinen. Wir haben zwölf Freiwillige aus meinem Team dafür gewonnen, ihre Stimme auszuloten. Wir nahmen ihre Stimmumfänge auf mit dem Ziel, eine Stelle zu finden, an der sich alle zwölf Stimmen deckten. Diese Grundfrequenz haben wir dann in Musik eingebettet – in hohe und tiefe Oktaven. Bei unseren Brainstormings habe ich immer im Hintergrund die CD abgespielt. Nach kurzer Zeit haben sich dann jeden Tag unsere Gehirne darauf eingelassen und gemeinsam zu neuen Orten und Ideen hochgeschraubt. Ein Kreativitätstest, der von unabhängiger Seite durchgeführt wurde, – bevor und nachdem das Team angefangen hatte, so zu arbeiten, – ergab, dass ich die Kreativität um 18 Prozent gesteigert hatte. Ich hatte meinen Glauben an die Macht von Klang und Musik in konkretes Handeln umgesetzt und uns zu einer Einheit geformt. Die Ideen und Produkte, die aus dieser alternativen Arbeitsweise hervorgingen, waren so erfolgreich, dass ich den Chairman's Sustainability Award gewann. Es war eine so wunderbare Bestätigung für unerschrockenes Handeln.

Niemand
sollte sich von anderen
vorschreiben lassen,
wie er sein **Leben**
zu **gestalten** hat.

———————

Ivy Ross

Sarah Beisly wurde in Auckland, Neuseeland, geboren. In Kalkutta rief sie die Organisation The Loyal Workshop ins Leben, die Sexarbeiterinnen helfen will, aus diesem Milieu zu entfliehen, und ihnen eine berufliche Perspektive bietet.

_ Sarah Beisly

Wenn die Menschen jeden Einzelnen mit der Würde und dem Respekt behandelten, die er verdient – ohne Rücksicht auf Hautfarbe, Geschlecht, Kaste, Familienverhältnisse oder sexuelle Orientierung – wäre diese Welt ein sehr viel besserer Ort.

Ich habe schon immer nach Wegen geforscht, wie man Geschäftsideen dazu nutzen kann, die an den Rand Gedrängten zu stärken beziehungsweise den Armen Chancen zu vermitteln. Als ich 2002 mein Examen in der Tasche hatte, besuchte ich Kalkutta. Wir trafen dort auf gemeinsame Freunde, die Frauen, die in der Prostitution gefangen waren, alternative Beschäftigungsmöglichkeiten boten. Etwas in mir erwachte zum Leben – ich glaubte an das, was sie da machten.

Die Sklaverei, die auch in der heutigen Welt noch weiterbesteht, ist ein Menschenrechtsverbrechen. Aktuell sind so viele Frauen in der Prostitution gefangen, und die überwiegende Mehrheit dieser Frauen hat sich dieses Gewerbe nicht ausgesucht – sie werden hereingelegt, sie werden geraubt. Man sagt ihnen, dass sie, nachdem sie einmal in diesem Metier angefangen haben, schlechte Frauen sind – dass niemand anders sie jetzt noch einstellen wird und dass dies ihr Schicksal ist. Nach und nach fangen sie selber an, es zu glauben. Der psychologische Missbrauch ist so stark, dass es so weit kommt, dass die Türen aufgeschlossen werden und die Mädchen trotzdem nicht gehen, weil sie in ihren Köpfen gefangen sind.

Ich konnte nicht glauben, dass so etwas zu meinen Lebzeiten geschieht. Ich wusste, dass ich niemals imstande sein würde, vor meinen Enkelkindern zu rechtfertigen, dass ich nichts dagegen unternommen hatte. 2014 gründeten wir The Loyal Workshop, der sich am Rand des Rotlichtbezirks angesiedelt hat, und Frauen, die in der Prostitution gefangen sind, eine Anstellung bietet. Die meisten dieser Frauen sind Mitte dreißig. Sie sind an den Punkt gekommen, an dem das Leben nicht mehr tragbar ist.

Wir sprechen viel darüber, wie sie es fänden, sich ihre Freiheit zu erkämpfen. Wir lassen sie wissen, dass wir, wenn sie so weit sind, für sie da sind und ihnen Arbeit in einem gewinnorientierten Unternehmen anbieten, in dem die Erzeugnisse für sich selber sprechen und nicht von den Geschichten unserer Handwerkerinnen kontextualisiert sind. Darin liegt sehr viel Stolz und Würde.

Wenn die Menschen
jeden Einzelnen mit der **Würde**
und dem **Respekt** behandelten,
die er verdient – ohne Rücksicht
auf **Hautfarbe**, **Geschlecht**, **Kaste**,
Familienverhältnisse oder
sexuelle Orientierung –
wäre diese Welt ein sehr viel
besserer Ort.

———————

Sarah Beisly

— Jessica Grace Smith

Ich möchte meine Stimme und meine privilegierte Stellung nutzen, um andere Frauen zu bestärken und dazu zu ermutigen, auf sich aufmerksam zu machen. Für mich als Weiße bedeutet das, viel zuzuhören und anderen Raum zu geben, damit sie sich aussprechen können. Bei meiner Arbeit ist es mir sehr wichtig, starke Rollen für Frauen zu schreiben und diese dann ganz bewusst so zu besetzen, dass sie Vielfalt zum Ausdruck bringen und die Gesellschaft widerspiegeln, ohne dass es eine leere Geste bleibt. Für mich ist von entscheidender Bedeutung, dass ich die Menschen wirklich einbeziehe und mir meiner eigenen Privilegien bewusst bin. Angesichts der Ungleichheit, der schlechten Behandlung und der Vorurteile, die Neuseelands Ureinwohner erfahren, bekümmert es mich wirklich sehr, wie unser Land sich ständig selber auf die Schulter klopft. Ich empfinde genauso, was die Behandlung von Frauen überall auf der Welt betrifft. Die mangelnde Bildung und die männliche Dominanz sind so frustrierend. Frauen wie Malala Yousafzai, die die Bildung von Mädchen vorantreiben, machen mir Hoffnung, aber ich glaube, der Wandel wird lange brauchen.

Jessica Grace Smith wurde in Taihape, Neuseeland, geboren. Sie arbeitet als Schauspielerin, Autorin, Regisseurin und Produzentin und spielte in der preisgekrönten australischen Dramaserie *Home and Away*.

Als ich Luke verlor,
war mein **Körper**
mit dem **Schmerz** vertraut
und wusste, wie er mit ihm
umgehen musste.

———————

Rosie Batty

Rosie Batty wurde in Laneham, England, geboren. 1988 zog sie nach Australien. 2014 wurde ihr elfjähriger Sohn Luke von seinem Vater ermordet. Batty engagiert sich gegen Gewalt in der Familie.

_ Rosie Batty

Meine Arbeit als Vorkämpferin gegen Gewalt in der Familie, insbesondere gegenüber Frauen und Kindern, ist eine unmittelbare Folge der Ermordung meines Sohnes Luke durch seinen Vater im Jahr 2014. Es war ein abschließender Akt von Macht und Kontrolle – von Rache –, der mein Leben komplett auf den Kopf stellte. Ich war mit Lukes Vater nicht verheiratet, aber obwohl wir nicht zusammenlebten, habe ich doch seine Beziehung zu Luke gefördert. Es war schwer, aber sie haben sich geliebt – aufrichtig. Lukes Vater war ihm gegenüber nicht gewalttätig, aber er hat mich misshandelt und bedroht. Wie viele alleinerziehende Elternteile kam ich finanziell nur schwer über die Runden. Während ich mich bemühte, uns ein Dach über dem Kopf zu bewahren, habe ich nach Kräften dafür gesorgt, dass der Missbrauch nicht alles überlagerte, uns einschränkte oder unser Leben zerstörte. Es war eine große Herausforderung. Ich versuchte, Kind und Job unter einen Hut zu bringen – meine gesamte Familie lebte in Großbritannien.

Als Opfer familiärer Gewalt stand ich ziemlich isoliert da. Man wird oft für die Entscheidungen kritisiert, die man nicht getroffen hat, und das wirkt sich auf unsere Beziehungen zu Freunden und Familie aus. Es ist eine grauenvolle Erfahrung, und alles in allem war die Art und Weise, wie meine Mitmenschen und alle Institutionen mit dem umgegangen sind, was ich durchmachen musste, aufreibender als die Gewalt, der ich ausgesetzt war. Da ist die Gewalt und dann ist da die permanente Enttäuschung über die mangelnde Unterstützung, die man vom Rest der Gesellschaft erfährt.

Also habe ich die Dinge selbst in die Hand genommen.

Ich habe gesagt, dass familiäre Gewalt jeden treffen kann, ganz gleich, wie intelligent man ist oder in was für einem Haus man wohnt. Ich schätze mich so glücklich, dass ich die Kraft gefunden habe, mich durch jeden einzelnen Tag zu kämpfen. Ich weiß, woher diese Kraft rührt: Ich verlor meine Mutter, als ich sechs war, und das kleine Mädchen von damals hat getan, was ich jetzt auch tue. Als ich Luke verlor, war mein Körper mit dem Schmerz vertraut und wusste, wie er mit ihm umgehen musste.

Zoleka Mandela wurde in Soweto in Südafrika geboren. Sie ist die Enkelin von Nelson und Winnie Mandela und setzt sich für die Sicherheit von Kindern im Straßenverkehr ein.

_ Zoleka Mandela

Eins der schwersten Dinge, mit denen ich zurande kommen musste, ist, dass ich bei meiner Tochter als Mutter versagt habe. Ich verlor meine Tochter Zenani 2010 bei einem Autounfall unter Alkoholeinfluss. Leider war ich zu der Zeit noch sehr stark suchtkrank. Ich war nicht bei ihr, als sie starb – als sie mich brauchte. Ich war so lange Zeit in meinem Leben so sehr von Drogen und Alkohol abhängig, dass es schwierig für mich war, ihr die Mutter zu sein, die sie verdiente und die auch alle meine anderen Kinder verdienten. Heute bemühe ich mich einfach, mein Leben zu leben in dem Bewusstsein, dass ich jeden Tag clean bleibe, und dafür zu sorgen, dass ich Dinge tue, die Zenani stolz auf mich machen würden. Ich sage immer:

'So sehr wir uns auch voneinander unterscheiden, unsere Probleme sind die gleichen.'

Manche Leute sind geschockt über meine Probleme wegen der Familie, aus der ich stamme. Aber es sollten alle wissen, dass es keine Rolle spielt, wer man ist oder welchen Status man einnimmt – wir haben alle reale Probleme und Dinge, mit denen wir zu kämpfen haben. Es ist großartig, wenn sich Menschen mit meiner Geschichte und meiner Entwicklung identifizieren können und sehen, dass man die Wende schaffen kann. Es geht einfach nur darum, für sich selbst die richtigen Entscheidungen zu treffen – aber man muss sich ändern, damit sich die Umstände ändern können.

Elida Lawton O'Connell wurde in Pristina im Kosovo geboren. Sie arbeitet als Produzentin und war während des Kosovo-Krieges für fünf Jahre im Auftrag von Associated Press vor Ort im Einsatz.

Ich setze mich
für **Gerechtigkeit**
und **Wahrheit** ein,
und das ist **hart**.

––––––––––

Elida Lawton O'Connell

_ Elida Lawton O'Connell

Als Kriegsberichterstatterin zu arbeiten war sehr, sehr schwer. Ich wusste, dass ich jederzeit getötet werden könnte, doch ich wollte rausgehen und davon erzählen, was da draußen los war. Diese fünf Jahre der Kriegsberichterstattung haben mich verändert und mich viel über mich selbst gelehrt: Manchmal ertappte ich mich dabei, dass ich mich sehr egoistisch verhielt; ich habe einen Mut entwickelt, den ich nie an mir gekannt hatte; und auch meine Art zu glauben hat sich gewandelt.

Heute verbringe ich sehr viel Zeit im Kosovo und arbeite mit Frauen, die vergewaltigt wurden. Ich wurde selbst mehrere Male beinahe vergewaltigt, als ich noch Journalistin war, deshalb habe ich mir das Haar kurz geschnitten, um auszusehen wie ein Junge, und ich habe gelernt, niemandem ins Gesicht zu schauen – ich habe gelernt, mich so stumm wie möglich zu verhalten. Meine Arbeit mit Frauen im Kosovo ist mir wichtig, weil es furchtbar ist, dass sie nicht wissen, wie man nein sagt – oder es einfach nicht können.

Ich habe festgestellt, dass die Frauen und ihre Familien als Erstes einsehen müssen, dass eine Vergewaltigung nicht die Schuld der

Frau ist. Meiner Meinung nach müsste die Regierung diese Frauen für das entschädigen, was ihnen widerfahren ist. Sie brauchen Ärzte. Sie brauchen Psychiater. Und es gibt nichts, was ich ihnen sagen könnte, denn ich kann nicht nachvollziehen, was sie durchgemacht haben. Ich kann es nur insofern nachvollziehen, als ich beinahe vergewaltigt worden wäre. Es war niederschmetternd genug, jemandem ins Gesicht zu sehen, während er sagte: 'Ich werde jetzt dies, das und jenes mit dir machen …' Es gibt keine Worte für Männer und Frauen, die systematischen Vergewaltigungen ausgesetzt waren – und ich habe viele Männer getroffen, die ebenfalls während des Krieges vergewaltigt wurden. Es mag zwar keine Worte geben, aber ich kann auf andere Weise helfen:

Ich kann darüber berichten, und ich kann ein Bewusstsein schaffen. Das ist meine Verantwortung.

Und ich kann andere Journalisten aufklären, damit sie wissen, was sie erwartet, wenn sie über Gräueltaten berichten.

Prativa Subedi wurde in Kathmandu, Nepal, geboren. Sie ist Autorin, Journalistin und Aktivistin und gründete das Women Awareness Centre Nepal, das nachhaltige und frauenfreundliche Entwicklung fördert.

_ Prativa Subedi

Als ich ein Kind war, wurde Bildung für Mädchen nicht als wichtig erachtet, aber ich hatte das Privileg, dass wir in meiner Familie alle die Möglichkeit hatten, zur Schule zu gehen. In meiner Schule waren viele Mädchen verschiedenen Formen von Gewalt ausgesetzt – in meiner Familie gab es keinen Raum, in dem ich das diskutieren konnte. Es war schwierig, meine Ausbildung fortzusetzen, auch weil ich unter enormem Druck stand, zu heiraten. Letztlich hat mich aber irgendetwas angetrieben, mein Studium erfolgreich abzuschließen.

Ich habe mich nicht direkt mit Feminismus beschäftigt, aber mein Herz sagte mir, dass Bildung der Weg zur Unabhängigkeit ist – um mein eigenes Leben führen zu können. In mir brodelt das Bedürfnis, all die benachteiligten Mädchen dabei zu unterstützen, durch Bildung ihre eigene Unabhängigkeit zu erreichen und ihr Selbstbewusstsein zu stärken. Frauen in Nepal sind keine Entscheidungsträger in ihrem eigenen Leben. Was ist die eigentliche Ursache davon? Armut. Die wichtigste Methode, um Armut zu lindern, sind Bildung und Einkommen schaffende Maßnahmen.

Mithilfe des Women Awareness Centre Nepal Frauen diese Möglichkeiten zu geben, eine Mutter zu sehen, die vor Freude strahlt, weil ihr Sohn Doktor geworden ist oder sie ihr Zuhause renovieren kann oder sie Geld sparen kann, das alles macht mich sehr glücklich.

Durch unseren Einsatz kamen 35.000 Frauen zusammen, um sich gegenseitig zu unterstützen – sie nahmen Führungsrollen in ihren Communities ein. Sie bewegen sich in die Eigenständigkeit und das gibt mir Hoffnung.

Die **Stärkung**,
das **Empowerment**
und die **Bildung** von
Mädchen und Frauen
liegen mir sehr
am **Herzen**.

———————

Prativa Subedi

Das Team bei der Ausstellungseröffnung »200 Frauen« in New York, v.l.n.r.: Elizabeth Blackwell, Kieran E. Scott, Geoff Blackwell, Elisabeth Sandmann, Ruth Hobday, Cameron Gibb.